채권각론

| 이론 · 판례 |

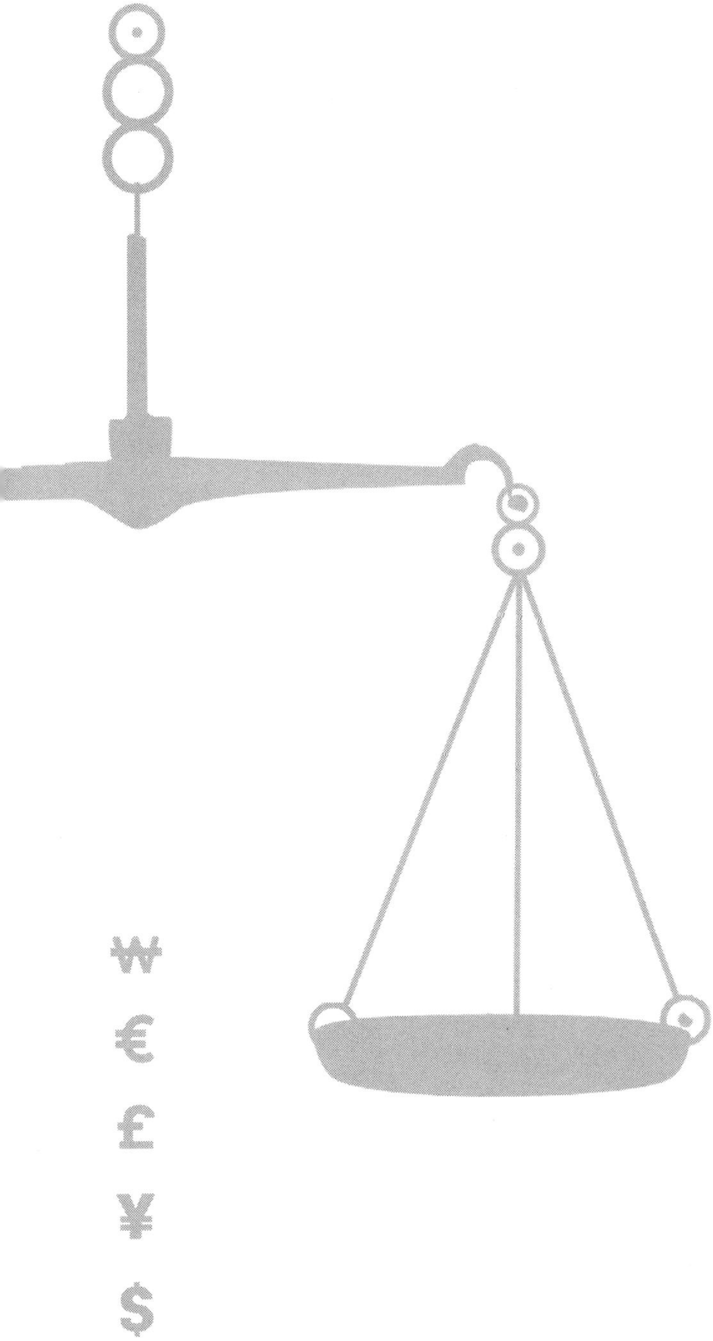

채권각론

| 이론 · 판례 |

김 대 현 지음

계명대학교 출판부

머리말

민법을 강의하면서 절실하게 느낀 바는 학생들 수준에 맞는 이해하기 쉽고 간편한 교재를 저술하는 것이었다. 복잡한 판례와 난해한 학설대립이 많은 민법을 이해하는데 한층 도움이 되는 책이란 어떤 형태의 것일까? 라고 많은 고민을 해오다 방학을 통해 본서를 저술하게 되었다. 채권각론은 가장 많은 판례를 지니고 있다. 현실적으로 쟁점 되는 부분이 많기 때문이다. 이를 이해하는 데는 기본적인 이론이 필요하다. 판례의 그 기본적인 이론이 어디에 해당되는 것인지에 대해서는 법규의 추론 문제다. 이를 공부하는 데는 복잡한 학설이나 입법해석이 앞서지 않는다. 간단하면서도 논리적인 기본 지식만으로도 그 판례의 주소를 찾아낼 수 있는 문제다. 처음부터 어려운 학설이나 복잡한 판례를 해득하는 일은 쉬 포기하는 일을 낳기 쉽다. 따라서 민법의 체계적인 기본지식을 터득하고 그 다음에 학설과 판례를 이해한다면 한층 민법에 흥미를 느끼리라 감히 단언한다. 이러한 점들을 고려한 이 책의 특징을 살펴보면 다음과 같다.

첫째, 새로운 단원이 시작될 때마다 도표를 만들어 이해를 높이고자 했다. 도표를 완전히 이해하는 것만으로도 오래 기억시키는 방법이 될 것이다.

둘째, 최소한의 이론만을 정리해서 전체적인 체계를 잡는데 포인트를 두었다. 그래서 학설대립을 일일이 소개하지 않고, 통설 내지 다수설의 입장에서 기술했다. 그리고 이를 뒷받침하는 관련판례를 수록했다. 따라서 여백을 많이 두어 수업 중간 중간에 학설과 빠진 판례를 소개하고 기술할 수 있도록 했다.

셋째, 쟁점부분에 대해서는 2000년 이후 부터의 최신판례를 모두 수록함으로 인해 판례의 경향을 파악할 수 있도록 했다.

넷째, 각론에서 법정채권인 사무관리와 부당이득 그리고 불법행위에 대해서는 분량이 많아 다음 기회로 미루었다.

끝으로 이 책은 법학을 전공하겠다는 입문용 교재에 불과하다. 처음 법학을 시작하는 학생들에게는 작은 도움이 되기를 바라면서 감히 세상에 내어 놓게 되었다. 부족한 점들을 지적하면서 이해하기를 기대하고서 출간에 대한다. 어찌하다 '창구'란 이름에서 '대현'으로 개명을 하고 첫 작품이 되었다.

2013년 한 여름을 즐기면서

김 대 현

차 례

제3장

계약각론(전형계약)

| 제1장 |

민법의 개관

제1장

민법의 개관

민법의 체계적 이해도

- 민법
  - 민법총칙
  - 물권법
    - 물권총론
    - 제한물권
      - 용익물권
        - 지상권
        - 지역권
        - 전세권
      - 담보물권
        - 유치권
        - 질권
        - 저당권
        - 비전형담보물권
          - 가등기 담보에 관한 법률
          - 동산·채권 등의 담보에 관한 법률
          - 동산양도담보(판례)

- 채권법
  - 총론
  - 각론
- 가족법
  - 친족법
  - 상속법

채권총론
- 채권의 목적
- 채권의 효력
- 다수당사자의 채권관계
- 채권양도와 채무인수
- 채권의 소멸
  - 변제
  - 대물변제
  - 공탁
  - 상계
  - 경개
  - 면제
  - 혼동

채권각론

채권의 발생 원인으로서
- 법률행위에 의한 채권의 발생
- 법률의 규정에 의한 채권의 발생

법률행위에 의한 채권의 발생 중에서는 계약이 대표적이다.
그 계약에는 계약 총론과 각론으로 구분된다.

- 계약총론에서는
  - 계약자유의 원칙과 제한

- 계약과 사정변경의 원칙
- 계약과 보통거래약관
- 계약의 종류
- 계약의 성립(제527~535조)
- 계약의 효력(제536~542조)
- 계약의 해제(제543조~553조)
- 계약의 해지(제547~550조)

각론에서

- 민법에 규정된 전형적인 계약으로는
  - 증여(제554~562조)
  - 매매(제563~589조)
  - 환매(제590~595조)
  - 교환(제596~597조)-이상 재산대상
  - 소비대차(제598~608조)
  - 사용대차(제609~617조)
  - 임대차(제618~654조)
  - 고용(제655~663조)
  - 도급(제664~674조)
  - 현상광고(제675~679조) 이상 노무
  - 위임(제680~692조)
  - 임치(제693~702조)
  - 조합(제703~724조)
  - 종신정기금(제725~730조) 이상기타
  - 화해(제731~733조)
- 비전형적인 계약
  - 리스(시설대여)계약(상법 제46조 19호 및 약관규제에 관한 법률)
  - 여행계약(도급계약 다음에 신설)
  - 중개계약(위임계약 다음에 신설)

- 신용카드계약(약관규제에 관한법률)
- 의료계약(위임·임대차·매매 등의 혼합)
- 프랜차이징계약(위임·임대차 등의 혼합)

- 법률의 규정에 의한 법정채권을 채권각론에 규정하고 있다.
  여기에는
  - 사무관리(제734~740조)
  - 부당이득(제741~749조)
  - 불법행위(제750~766조)
    일반불법행위(제750~766조)
    민법에 규정된 특수불법행위(제755~766조)
      - 책임무능력자의 감독자 책임
      - 사용자 책임
      - 공작물 등의 점유자와 소유자의 책임
      - 동물의 섬유사의 책임
      - 공동불법행위자의 책임
    - 특별법에 규정된 특수불법행위
      - 자동차운행자의 책임
      - 환경오염책임
      - 제조물책임
      - 의료과오책임

| 제2장 |

계약 총론

제2장

계약 총론

제1절 **계약 일반론**

❖ 계약의 체계적 이해

(1) 계약의 의의

계약이란 사법상의 효과를 발생케 할 목적으로 하는 당사자 간의 합의 내지 합치이다.
따라서 계약은 법률행위다. 그러나 단독행위, 합동행위와는 구별된다.

(2) 계약의 의미

광의의 계약 – 청약과 승낙에 의하여 성립하는 계약의 일체를 총칭한다.
협의의 계약 – 채권발생만을 목적으로 하는 채권계약이다.

(3) 민법이 인정하는 계약의 성립모습

- 청약에 의한 승낙(제527조)
- 교차청약(제533조)
- 의사실현(제532조)

1. 계약의 의의

계약은 법률행위이다. 즉 법률효과의 발생을 목적으로 하는, 사람과 사람간의 의사에 의한 합의를 말한다. 이러한 법에 있어서의 계약은 사법상의 효과 발생을 목적으로 하는 사법상의 계약, 공법상의 효과 발생을 목적으로 하는 공법상의 계약, 사회법상의 효과 발생을 목적으로 하는 사회법상의 계약 등으로 나누어 볼 수 있다. 이들에 대해서는 사법과 공법 그리고 사회법이 각각 규율하고 있다.

(1) 광의의 계약

1) 광의의 의미에서의 계약이란 서로 대립하는 2인 이상의 의사표시의 합치로 성립하는 법률행위를 말한다.

2) 이러한 광의의 계약에는 채권계약, 물권계약, 준 물권계약, 가족법상의 계약 등이 있다. 즉 채권의 발생을 목적으로 하는 합의, 물권의 변동을 목적으로 하는 합의, 물권 이외의 변동을 목적으로 하는 합의, 가족관계의 변동을 목적으로 하는 합의 등을 말한다.

(2) 협의의 계약

1) 채권의 발생을 목적으로 하는 채권계약만을 협의의 계약이라고 한다.

2) 채권계약은 같은 법률행위의 일종인 단독행위와 합동행위와는 구별된다. 즉 채권계약은 2인 이상의 의사표시의 합치로 이루어지는 법률행위의 일종이다. 따라서 계약은 반드시 2인 이상의 의사표시를 필수적 요소로 한다. 일반적으로 이러한 협의의 계약이 채권계약이라고 한다.

3) 계약법상의 계약이란 채권계약을 말한다. 즉 민법에서 규율하고 있는 계약은 채권계약이다.

(3) 합치

계약은 당사자 간의 합의이다. 이를 의사의 합치라고도 한다. 따라서 계약이란 이러한 객관적 합치와 주관적 합치로 이루어진다.

1) 객관적 합치

당사자의 의사표시가 내용에서 일치하는 것이다. 이는 법률해석의 작업이 선행되어야 그 합치여부를 알 수 있다. 합치가 이루어지기 위해서는 청약에서 제시하는 사항 모두를 그대로 승낙하여 받아들여야 한다.

2) 주관적 합치

주관적 합치는 특정인을 상대로 청약을 하는 경우에 이루어진다. 그래서 불특정 다수를 상대로 하는 경우에는 주관적 합치는 필요하지 않다.

(4) 계약의 합의와 협의

계약에서의 합의는 계약이 성립하기 위해서는 수개의 의사표시의 일치를 이루는 것을 말한다. 그리고 협의는 조합원 등에서 합의를 위한 사전 의견수렴절차를 거치는 것을 말한다. 이를 판례를 통해 살펴본다.

【 최근판례 】 

가령 부동산의 매매계약 등에서 계약서를 작성하는 것이 관행으로 되어 있는 것처럼 계약을 체결하면서 계약서를 작성하는 경우가 많다. 그런데 법률의 규정에 의하여 계약서의 작성으로 비로소 계약이 성립하는 경우(예: 국가를 당사자로 하는 계약에 관한 법률 제11조에 따라 국가가 경쟁 입찰의 방법으로 계약을 체결하는 경우이다. 대판 2009.12.24. 2009다51288은 국가를 당사자로 하는 계약에 관한 법률의 규정을 준용하는 구 지방재정법

[2005.8.4. 법률 제7663호로 전부 개정되기 전의 것] 제63조를 근거로 "지방자치단체가 사경제의 주체로서 사인과 사법상의 계약을 체결함에 있어서는 위 법령에 따른 계약서를 따로 작성하는 등 그 요건과 절차를 이행하여야 하고, 설사 지방자치단체와 사인 사이에 사법상의 계약 또는 예약이 체결되었다 하더라도 위 법령상의 요건과 절차를 거치지 않은 계약 또는 예약은 그 효력이 없다"고 하였다)(한편 할부거래에 관한 법률 제6조, 방문판매 등에 관한 법률 제7조 및 건설 산업기본법 제22조 등은 서면에 의한 계약체결 및 계약서의 교부를 의무화하고 있고, 이러한 의무를 위반한 경우에 과태료 또는 벌금이 부과되지만, 계약 자체의 사법상의 효력에는 영향이 없다)를 제외하고, 계약서의 작성은 계약의 성립 그 자체의 요건이 아니며, 원칙적으로 그것은 계약의 성립을 증명하는 증거일 뿐이다(이와 달리 당사의 의사에 따라 계약서를 작성하여야 비로소 계약이 성립하는 경우도 있을 수 있다).

한편 당사자들의 서면 등의 방식에 관하여 합의한 경우에, 방식이 갖추어져야 계약이 성립하는 경우(즉 합의에 의한 요식계약, 이 경우 계약서는 이른바 창설적 서면으로 그것이 없으면 계약의 성립 자체가 부정된다)와 단지 증거를 확보하기 위한 경우(이 경우 계약서는 이른바 선언적 서면으로, 그것이 없더라도 제약의 성립 자체가 부정되지는 않는다)의 두 경우가 있다. 그런데 계약이 성립하였음을 증명하는 서면은 이른바 公文書로서, 그 진정 성립(작성명의인의 의사에 기하여 작성되었음)이 인정되면 그 문서에 표시된 의사표시의 존재와 내용을 부정할 만한 분명하고도 수긍할 수 있는 특별한 사정이 없는 한 법관은 그에 기속된다(가령 대판 2000.10.13. 2000다38602. [2-225]도 참조). 그 밖에 제555조에 의하여 서면에 의하지 않는 경우에 계약의 효력이 약해지는 경우도 있다.

2. 계약자유의 원칙과 그 제한

(1) 원칙

1) 의의

계약자유의 원칙은 소유권절대의 원칙, 과실 책임의 원칙 등과 근대민법의 3대원칙 중의 하나이다. 이는 각 개개인이 자기의사와 책임 하에 자유롭게 법률관계를 스스로 형성해 나간다는 원칙이다. 이를 구체적으로 가장 잘 실현하기 위한 수단이 곧 계약에 의한 법률행위이다. 이 법률행위는 하나 또는 둘 이상의 의사표시가 절대적 요소로 구성되어 있다. 그래서 이를 사적 자치의 원칙 내지 법률행위 자유의 원칙이라고도 한다. 그리고 이러한 법률행위는 청약과 승낙이라는 의사표시의 합치로 성립하는 계약이라는 형태를 취하기 때문에 계약자유의 원칙이라고도 한다.

2) 내용

계약자유의 원칙에는 당사자가 청약의 의사표시를 할 자유와 승낙의 의사표시를 할 자유를 가진다는 계약체결의 자유, 당사자 간의 계약 내용을 어떻게 할 것인가는 전적으로 당사자에게 달렸다. 이는 계약 자유 중에서 가장 중요한 계약내용결정의 자유다. 그리고 계약의 성립은 당사자 간의 합의이기에 그 방식을 특정하지 않는다는 계약체결방식의 자유와 당사자는 자신이 원하는 상대방과 계약을 체결할 수 있고 특정인을 계약상의 상대방으로 할 것을 강요받지도 않는다는 계약상대방선택의 자유 등으로 구분한다.

3) 계약자유를 제한할 필요성

근대시민혁명에 의해 탄생된 민법의 3대원칙은 개인주의와 자유를 바탕으로 한다. 그런데 자본주의의 발달로 인해 계약자유의 원칙은 경제적 약자를 부당하게 압박하여 가혹한 결과를 초래하기도 했다. 그리고 날이 갈수록 그 폐해가 점점 심해져 갔다. 즉 시장경제는 독점으로 이어지고 빈부의 격차는 심각한 양극화 현상으로 이어져 빈익빈 부익부 현상으로 되었고, 이는 다시 계약의 자유가 아닌 계약의 부자유로 발전되었다. 이러한 폐단으로 인해 국가는 계약자유의 원칙에 수정을 가할 필요성이 생기게 되었다.

(2) 제한

근대사법의 기초의 하나인 계약자유의 원칙은 자본주의의 발달로 인해 개인과 개인 간의 능력에 차이를 가져오면서 실질적인 평등의 원칙이 깨어지게 되었다. 즉 우리의 현대사회에서 자본주의의 발달로 인해 자기의 이익을 제대로 지키지 못하는 사회적 약자 군

(群)이 존재하게 된 것이다. 이는 양극화 현상에 따라 상황의존적인 약자 군이 생기게 되어 더 이상 평등한 계약을 기대 할 수가 없을 정도로 균형이 무너진 상태다. 그래서 구체적인 경우에 입법 등을 통해, 계약자유의 원칙에 제한을 가하자는 것이다. 우리 민법도 이러한 근대 민법의 원칙을 수정하여 계약환경에 따라 탄력성을 부여하고 있다. 그러나 이와 같은 제한은 민법의 최고 원리인 신의성실의 원칙에 바탕을 두고 공정성 보장을 위해 필요한 최소한의 범위 내에서 이루어져야 한다. 따라서 이러한 한도를 벗어난 제한은 계약자유의 원칙을 벗어나는 것으로 개인의 권리를 침해하는 결과가 될 수 있다.

이에 대한 판례로는 전원합의체의 대법원 판결이 있다(대판 (전)2007. 11. 2, 2002두8626).

【 최근판례 】 

사유재산제도와 관련해서 대판(전) 2007.11.22. 2002두8626은 "사유재산제도와 경제활동에 관한 사석사치의 원칙에 입각한 시장경제질서를 기본으로 하는 우리나라에서는 원칙적으로 사업자들에게 계약체결여부의 결정, 거래상대방 선택, 거래내용의 결성 등을 포괄하는 계약의 자유가 인정되지만, 시장의 지배와 경제력의 남용이 우려되는 경우에는 그러한 계약의 자유가 제한될 수 있다할 것이고, 이러한 제한 내지 규제는 계약자유의 원칙이라는 시민법원리를 수정한 것이기는 하나 시민법원리 그 자체를 부정하는 것은 아니며, 시민 법원리의 결함을 교정함으로써 그것이 가지고 있던 본래의 기능을 회복시키기 위한 것으로 이해할 수 있다"고 하였다.

1) 체결자유의 제한

체결의 자유 중에서는 여러 제한의 형태가 있다. 즉 근대 이후 시대의 변천에 따라 ①독점기업의 경우에는 체약의무를 규정하고 승낙을 거절할 수 없도록 했다(전기, 수도, 가스 등). 그리고 ②공공적 직무담당자는 체약의무규정을 두고 있다(공증인, 집행관 등). 또한 ③공익적 직무담당자 등은 국가기관이 아니라도 체약의무규정을 각 두고 있다(의사, 약사, 간호사 등). 그 외에 공법상 계약을 강제하는 경우가 있고, 사법상으로도 개인 간의 계약을 국가가 강제하는 경우가 있게 되었다. 예컨대 전세권설정자가 부속물의 매수를 청구하는 때에는 전세권자는 정당한 이유 없이 이를 거절하지 못한다고 규정하고 있다(제316조 제1항).

2) 내용결정 자유의 제한

민법 제103조 제104조 제105조 등에는 사회질서에 의한, 강행법규에 의한 제한 등으로 내용 자체를 제한하고 있다.

3) 방식자유의 제한

방식은 자유이다. 그러나 일정한 경우에는 법률관계의 명확성, 신중성 등을 위해 서면에 의한 작성을 요구하는 경우가 있다. 즉 유언의 형식이나 공정증서에 의한 작성 등을 요구하는 경우가 그것이다. 이러한 경우에도 민법상에는 계약을 서면에 의해야 한다는 규정은 없다. 그런데도 계약의 일정한 방식으로 요구하는 이유는 당사자로 하여금 의사표시를 하는데 신중하도록 함이고, 계약의 성립이나 내용을 증거자료로서 기능, 이를 제3자에게 알림으로서 거래의 안전을 보호 하고 행정목적을 달성하기 위함이라고 하겠다.

4) 상대방선택의 자유의 제한

법령에 의해 일정한 상대방만을 상대로 계약을 체결하도록 하는 규정을 두고 있다. 이는 업무의 중요성이나 특수성 등을 고려하여서이다. 예컨대 '국가유공자 등 예우 및 지원에 관한 법률' 제34조에는 국가보훈처장은 취업지원 대상자를 대통령으로 정하는 바에 따라 업체 등에 고용할 것을 명할 수 있다고 규정하고 있다. 이를 '명령된 계약'이라고도 한다. 이러한 경우는 상대방을 선택해서 계약을 할 수 밖에 없는 제한을 받게 된다.

5) 국가의 허가나 증명 또는 신고를 요구하는 계약

일정한 경우에 국가가 특별한 방법으로 그 유통을 제한하거나 감독 · 통제를 하기도 한다. 즉 계약이 유효하기 위해서는 행정관청의 인가 · 허가 또는 행정관청에의 신고를 요한다든지 행정관서의 증명이 있어야 하는 것으로 규정하는 경우 등이다. 예컨대 농지매매에서 매수인의 농지원부발급을 요구하거나, 토지거래허가구역에서의 토지매입 시에 해당행정관청의 허가를 득하는 경우 등이다.

【 관련판례 】 (대판1994.12.9,94다42402) 

소재지 관서의 증명을 얻지 아니한 채 체결된 농지의 매매계약을 원인으로 하여 현재의 이행의 소로 소유권이전등기절차의 이행을 구하는 경우, 증명을 얻어야 하는 시기와 농지매매증명 발급을 조건으로 한 소유권이전등기청구의 적부에 대해,

[재판요지]

가. 농지개혁법 제19조 제2항 소정의 소재지 관서의 증명이 농지매매의 효력발생요건이라는 취지가 매매로 인한 소유권이전의 효과를 발생할 수 없다는 것 일 뿐 농지매매 당사자 사이에 채권계약으로서의 효력까지 발생하지 못한다는 것은 아니라고 할지라도, 소재지 관서의 증명을 얻지 아니한 채 체결된 농지의 매매계약을 원인으로 하여 매수인이 매도인을 상대로 현재의 이행의 소로 무조건의 소유권이전등기절차의 이행을 청구하는 경우에는 적어도 사실심의 변론이 종결될 때까지는 소재지 관서의 증명을 얻어야만 인용될 수 있는 것이다.

나. '가'항과 같은 매수인은, 그 필요가 있는 한, 장래 이행의 소로 농지매매 증명이 발급되는 것을 조건으로 미리 농지에 관한 소유권이전등기절차의 이행을 청구할 수는 있는 것이다.

3. 계약의 구분

(1) 전형계약과 비 전형계약

전자는 민법전에 규정된 계약의 종류이다. 후자는 그 외 계약의 경우로서 계약자유의

원칙에서 오는 형태의 분류라고 하겠다. 이외에도 혼합계약으로는 매매와 임대차 그리고 고용 등이 있다. 혼합계약이란 매매나 임대차 등의 성질이 혼합된 계약의 경우를 말한다. 예컨대 레스토랑에서 음식을 시켜먹는 경우이다. 특정식당을 임차하여 음식을 구입하는 매매와 그리고 음식점 직원을 일시 고용해서 시켜먹는 경우를 말한다.

(2) 쌍무계약과 편무계약

채무부담을 서로 대가적 의미를 갖느냐의 여부에 따른 계약이다. 전자는 서로 쌍방이 대가적의미를 지닌 채무를 부담하는 경우이고, 후자는 일방당사자 만이 채무를 부담하는 계약이다(예컨대, 증여, 사용대차, 무상의 소비대차, 무상의 위임, 무상의 임치 등이다). 전자는 동시이행항변권이나 위험부담의 문제가 발생한다.

(3) 유상계약과 무상계약

전자는 당사자가 대가적 계약의 경우이고, 후자는 당사자 일방만이 출연의무를 지는 경우로서 양자는 양 채무가 서로 대가적 출연관계에 있느냐의 문제이다.

(4) 낙성계약과 요물계약

전자는 당사자의 약정만으로 성립하는 계약이고, 후자는 당사자의 약정 이외에도 일의 완성, 물건의 인도, 대가의 지급 등 계약에서 정한 행위를 일부 내지 전부를 완료한 때에 성립하는 계약이다. 즉 요물계약은 당사자의 합의 외에 특별한 법률사실이 있어야 계약이 성립하는 경우이다. 예컨대 매매계약에서 이를 증약금으로 하는 계약금은 매매계약의 종된 계약으로 요물계약이다.

(5) 계속적 계약과 일시적 계약

전자는 임대차나 고용 등과 같이 계속적으로 일정기간 급부가 이루어지는 경우이다. 후자는 목적물의 인도나 대금의 지급이 있게 되면 계약이 종료되는 경우이다(매매, 교환, 증여 등).

(6) 본 계약과 예약

전자는 언제나 장래 본 계약을 위해 이행의 여지가 있는 계약이고 특수한 계약이다. 이에 대해 민법은 규정이 없고 매매예약의 일방예약 규정(제564조)만 있다. 후자는 채권계약에 한하지 않는다.

(7) 요식계약과 불요식 계약

의사표시가 일정한 방식을 갖추어야 성립하는 계약이 전자이고, 그렇지 않은 계약이 후자이다. 민법상의 계약은 원칙상 방식을 요하지 않는다. 요식이 결여되면 계약 성립이 부정된다. 그러나 요식계약이 아니라도 방식결여로 계약의 효력이 약해지거나 공법상 제재를 받는 경우는 있다.

(8) 약관과 계약

약관은 계약의 일방 당사자가 다수의 상대방과의 사이에 계약을 체결하기 위해 일정 형식으로 미리 마련한 계약의 내용이 되는 것이다. 이러한 약관에 대해서는 통제의 필요성이 있게 된다. 왜냐하면 특정의 기업체 등이 일정한 내용을 미리 작성해둔 것이 상대방을 고려하기 보다는 특정 기업체 자신을 위주로 작성된 것이 대부분이기 때문이다. 이러한 경우에는 약관규제에 관한 법률에 의해 통제를 받게 된다(대판 2008. 12. 16, 2007마1328). 이러한 약관을 무조건 부인하기 보다는 일정한 요건을 갖추어야 계약 내용으로서의 효력을 인정한다는 것이 '약관에의 편입'이라고 한다. 이러한 약관의 편입에는 다음과 같은 요건과 원칙을 요한다.

【 관련판례 】 (1998.9.8,97다53663)

(약관의 구속력)

[1] 약관과 다른 내용의 약정을 한 경우 그 약정의 효력 [2] 신용보증계약의 내용이 된 신용보증약관과 다른 내용의 변제충당에 관한 '우선순위약정'에 대하여 신용보증약관을 이유로 그 효력을 배척할 수 있는지 여부에 대해(소극),

[재판요지]

[1] 약관이 계약당사자 사이에 구속력을 갖는 것은 그 자체가 법규범이거나 또는 법규범적 성질을 가지기 때문이 아니라 당사자가 그 약관의 규정을 계약내용에 포함시키기로 합의하였기 때문이므로 계약당사자가 명시적으로 약관의 규정과 다른 내용의 약정을 하였다면, 약관의 규정을 이유로 그 약정의 효력을 부인할 수는 없다. [2] 신용보증계약의 내용이 된 신용보증약관에 변제충당의 순서에 관하여 규정되어 있다 하더라도 은행인 채권자가 신용보증기금과 신용보증계약을 체결한 후 신용보증기금으로부터 일부 채권에 대한 대위변제를 받고 그 채권과 함께 이를 담보하는 근저당권의 일부를 신용보증기금에게 양도하면서 신용보증기금과 사이에 명시적으로, 위 근저당권이 담보하는 채권자의 잔존채권이 있으면 양도한 근저당권에서 채권자가 우선하여 그 채권을 회수할 수 있다는 취지의 약정을 하였다면 변제충당의 순서에 관한 신용보증약관의 규정을 이유로 채권자와 신용보증기금 사이의 위와 같은 약정의 효력을 부인할 수는 없다.

【 최근판례 】 (골프회원권 등의 약관)

최근 대법원은 골프회원에 가입 시 일정금액을 예탁하였다가 탈퇴 등의 경우에 그 예탁금을 반환받는 이른바 예탁금 회원제로 운영되는 골프클럽의 회칙 중 회원권의 양도 · 양수절차와 같은 당사자의 권리 · 의무에 관한 규정(대판 2000.3.10. 99다70884)과 전기사업법에 의한 일반전기사업자의 전기 공급 규정(대판 2002.4.12. 98다57099) 등도 약관의 성질을 가진다고 하였다. 반면 대판 2008.2.1. 2005다74863은 구체적인 계약에서 일방당사자와 상대방 사이에 교섭이 이루어져 계약의 내용으로 된 조항은 작성상의 일방성이 없으므로 약관규제법의 규제대상인 약관에는 해당하지 않는다고 하였고, 대판 2011.4.28. 2010다106337은 "주택분양보증계약은 구 주택법(2009.2.3. 법률 제9405호로 개정되기 전의 것)에 따라 주택건설을 하는 사업주체가 파산 등의 사유로 분양계약을 이행할 수 없게 되는 경우 대한주택보증 주식회사가 당해 주택의 이행 또는 수분양자가 납부한 계약금 및 중도금의 환급에 대하여 이행책임을 부담하기로 하는 조건부 제3자를 위한 계약이므로, 주택분양보증계약의 당사자는 사업주체와 대한주택보증 주식회사이고, 수분양자들은 위와 같은 조건이 성취되면 대한주택보증 주식회사에 수익의 의사표시(보증채무의 이행청구)를 하여 급부를 수령하는 수익자에 불과할 뿐 약관규제법 제2조 제3항에 규정한 '고객'에 해당한다고 할 수 없다"고 하였다.

【 **최근판례** 】 (약관규제의 적용범위에 관한 판례)

약관이 상법 제3편, 근로기준법 기타 대통령령이 정하는 비영리사업의 분야에 속하는 계약에 관한 것일 때에는 약관규제법이 적용되지 않는다(동법 제30조). 가령 대결 2010.1.19. 2009마1640은 사업자가 다수의 상대방과 사이에 일정한 형식에 의하여 미리 마련한 계약서에 따라 체결한 계약이 근로기준법상의 근로계약에 해당될 경우에, 사업자의 소재지를 관할하는 법원을 관할법원으로 하는 내용의 재판관할합의조항을 약관규제법에 의하여 무효라고 판단할 수는 없다고 하였다.

참고로 대판 2010.8.26. 2010다28185는 "국제사법 제27조에서 소비자보호를 위하여 준거법 지정과 관련하여 소비자계약에 관한 강행규정을 별도로 마련해 두고 있는 점이나 약관의 규제에 관한 법률의 입법목적을 고려하면, 외국법을 준거법으로 하여 체결된 모든 계약에 관하여 당연히 약관의 규제에 관한 법률을 적용할 수 있는 것은 아니다"라고 하였다(국내회사와 외국회사가, 국내회사가 외국회사의 제품을 국내에서 배급 · 판매 대리하는 내용의 계약을 체결하면서 준거법을 외국법으로 정하고, 계약해지사유의 하나로 '특별한 사유가 없더라도 전적으로 계약을 해지하려는 당사자의 편의에 따라 60일 전에 사전 통보를 함으로써 계약을 해지할 수 있다'고 약정한 사안에서, 위 계약이 외국법을 준거법으로 정함으로써 현저하게 불합리하거나 불공정한 결과가 초래된다고 볼 근거가 없어 그 준거법약정은 유효하고, 외국법을 준거법으로 하는 위 계약에 우리나라 약관규제법이 적용될 여지가 없다고 한 사례).

1) 약관의 명시 · 설명

약관에 정해진 중요한 내용을 고객이 이해할 수 있도록 설명하여야 한다. 그러나 신속을 요하는 거래에서는 명시의무가 면제될 수도 있다고는 하나, 이때도 약관의 내용을 비치하거나 사본을 제시하는 방법으로 설명에 대체하여야 한다.

2) 명시 · 설명의 대상

설명의 대상은 주요한 계약의 내용에 한한다고 본다. 그러나 계약의 내용에 당연히 적용되는 사항이나 고객이 충분히 알고 있는 경우, 거래에서의 일반적이고 공통된 사항, 고객이 충분히 알고 있는 사항 등에 대해서는 설명의무에서 제외된다고 하겠다.

3) 명시 · 설명 방법

고객의 주의를 환기하고, 요청에 따라 그 내용을 설명해야 한다. 고객 본인이 아니면 그 대리인에 대해 설명해야 한다.

【 최근판례 】 

약관의 설명의무에 대해 대판 2010.10.28 2010다9153은 웹사이트에서 다중 이용자 온라인 롤플레잉 게임(MMORPG : Massively Multiplayer Online Role Playing Game)인 '리니지(Lineage) I' 인터넷 게임서비스를 제공하는 사업자가 게임약관 및 통합서비스약관에서 게임의 운영정책을 약관내용의 일부로 규정하고 따로 그 운영정책을 공지하고 있어 운영정책이 적법하게 약관의 일부가 되었으며, 위 사업자가 「개별이용자의 게임 이용시 화면에 이용자 동의서를 띄워 놓는 방법」으로 운영정책의 내용을 개별적으로 고지한 후 위 게임을 이용하도록 하였으므로, 위 게임이용자들은 그 동의서의 내용에 동의한 사실을 추단할 수 있으므로 운영정책이 편입된 위 게임약관에 동의한 것으로 보아야 한다고 한 원심의 판단이 정당하다고 하였다.

4) 명시 · 설명의무 위반의 효과

명시 · 설명의무를 위반하면 당해 조항의 효력만이 문제된다.

【 관련판례 】 (1999.3.9,98다43342)

(약관설명의무)

[1] 보험자가 보험약관의 명시 · 설명의무에 위반하여 보험계약을 체결한 경우, 그 약관의 내용을 보험계약의 내용으로 주장할 수 있는지 여부(소극) [2] 보험계약자가 보험약관의 내용을 충분히 잘 알고 있는 경우, 보험자에게 그 약관 내용을 설명할 의무가 있는지 여부(소극) [3] 보험계약의 청약을 유인하는 안내문에 보험약관의 내용이 추상적 · 개괄적으로만 소개되어 있는 경우, 그 안내문의 송부만으로 약관에 대한 보험자의 설명의무를 다한 것으로 볼 수 있는지 여부(한정 소극) [4] 보험계약자가 상법 제638조의3 제2항에 정한 기간 내에 계약 취소권을 행사하지 아니한 경우, 보험계약자가 보험자의 설명의무 위반의 법률효과를 주장할 수 없거나 보험자의 설명의무 위반의 하자가 치유되는지 여부(소극) [5] 통신판매 방식으로 체결된 상해보험계약에서 보험자가 보험약관의 개요를 소개한 안내문과 청약서를 보험계약자에게 우송한 것만으로는 보험자의면책약관에 대한 설명의무를 다한 것으로 볼 수 없다고 한 사례에 대해,

[재판요지]

[1] 상법 제638조의3 제1항 및 약관의 규제에 관한법률 제3조의 규정에 의하여 보험자는 보험계약을 체결할 때에 보험계약자에게 보험약관에 기재되어 있는 보험 상품의 내용, 보험료율의 체계, 보험 청약서상 기재 사항의 변동 및 보험자의 면책사유 등 보험계약의 중요한 내용에 대하여 구체적이고 상세한 명시 · 설명의무를 지고 있다고 할 것이어서, 만일 보험자가 이러한 보험약관의 명시 · 설명의무에 위반하여 보험계약을 체결한 때에는 그 약관의 내용을 보험계약의 내용으로 주장할 수 없다. [2] 보험약관의 중요한 내용에 해당하는 사항이라 하더라도 보험계약자나 그 대리인이 그 내용을 충분히 잘 알고 있는 경우에는 당해 약관이 바로 계약 내용이 되어 당사자에 대하여 구속력을 가지므로 보험자로서는 보험계약자 또는 그 대리인에게 약관의 내용을 따로 설명할 필요가 없다. [3] 보험계약의 청약을 유인하는 안내문에 보험약관의 내용이 추상적 · 개괄적으로 소개되어 있을 뿐 그 약관 내용이 당해 보험계약에 있어서 일반적이고 공통된 것이어서 보험계약자가 충분히 예상할 수 있거나 법령의 규정에 의하여 정하여진 것을 부연하는 것과 같은 것이 아닌 이상, 그러한 안내문의 송부

만으로 그 약관에 대한 보험자의 설명의무를 다하였다거나 보험계약자가 그 내용을 알게 되어 굳이 설명의무를 인정할 필요가 없다고는 할 수 없으며, 이와 같은 보험약관의 명시 · 설명의무에 관한 법리는 보험료율이 낮다거나 보험계약의 체결 방식이 통상의 경우와 다르다고 하여 달라지지 아니한다. [4] 상법 제638조의3 제2항에 의하여 보험자가 약관의 명시 · 설명의무를 위반한 때에는 보험계약자가 보험계약 성립일로부터 1월내에 행사할 수 있는 취소권은 보험계약자에게 주어진 권리일 뿐 의무가 아님이 그 법문상 명백하고, 상법 제638조의3 제2항은 약관의 규제에 관한법률 제3조 제3항과의 관계에서는 그 적용을 배제하는 특별규정이라고 할 수 없으므로, 보험계약자가 보험계약을 취소하지 않았다고 하더라도 보험자의 설명의무 위반의 법률효과가 소멸되어 이로써 보험계약자가 보험자의 설명의무 위반의 법률효과를 주장할 수 없다거나 보험자의 설명의무 위반의 하자가 치유되는 것이 아니다. [5] 통신판매 방식으로 체결된 상해보험계약에서 보험자가 약관 내용의 개요를 소개한 것이라는 내용과 면책사고에 해당하는 경우를 확인하라는 내용이 기재된 안내문과 청약서를 보험계약자에게 우송한 것만으로는 보험자의 면책약관에 관한 설명의무를 다한 것으로 볼 수 없다고 했다.

5) 증명책임

명시 · 설명을 요하는 약관이 명시 · 설명이 되었다는 점 또는 명시 · 설명의 대상이 아니라는 점에 대하여 사업자가 그 증명책임을 진다(대판 2001. 7. 27, 99다55533).

6) 약관의 해석

약관의 해석은 엄격하게 해석해야 하고, 객관적 · 통일적으로 해석해야 한다. 그런데 작성자는 그 해석을 불리하게 제한해석 되어야 한다. 그리고 고객에게는 불리한 조항은 축소해석 되어야 한다. 이를 작성자 불이익의 원칙이라고도 한다. 그리고 약관 조항과 다른 당사자의 합의가 있다면 그 합의가 약관조항에 우선하여 적용된다.

【 관련판례 】 (대판 2000.10.13,2000다2542)
(약관의 내용이 고객에게 불리하게 작성된 경우의 효력)

[1] 무면허운전 면책약관의 적용 범위 및 무면허운전에 대한 보험계약자나 피보험자의

'묵시적 승인'의 존부에 관한 판단 기준 [2] 구 도로교통법시행규칙 [별표 14]의 개정에 의하여 운전면허를 받은 사람이 운전할 수 있는 자동차 등의 종류가 달라짐으로써 종전에 제1종 보통면허만으로 운전할 수 있던 차량이 제1종 대형면허가 있어야만 운전할 수 있는 것으로 변경되었음에도 피보험자나 그 종업원은 이를 모른 채 그 차량을 그 종업원이 운전하여 무면허운전이 된 경우, 피보험자가 그 종업원이무면허운전을 하는데 묵시적 승인을 하였다고 볼 수 없다고 한 사례 [3] 업무용자동차보험의 피보험자가 피해자와의 손해배상 판결 확정 후 피해자에게 배상금을 지급하지 아니한 채 보험금지급을 청구한 경우, 업무용자동차보험 약관에 의하여 보험자는 피해자가 피보험자로부터 배상을 받기 전에는 피보험자의 보험금지급청구를 거절할 권리가 있으나 보험자가 이를 포기 하였거나 행사하지 아니하였다면 그 보험금지급을 거절할 수 없다고 본 사례 [4] 책임보험의 보험자가 피해자와 피보험자 사이의 손해배상 확정판결에서지급을 명한 소송촉진 등에 관한 특례법 소정의 지연손해금까지 지급할 책임이 있는지 여부에 대한 사례에서(한정 적극),

[재판요지]

[1] 자동차보험에 있어서 피보험자의 명시적 · 묵시적 승인 하에서 피보험자동차의 운전자가 무면허운전을 하였을 때 생긴 사고로 인한 손해에 대하여는 보상하지 않는다는 취지의 무면허운전 면책약관은 무면허운전이 보험계약자나 피보험자의 지배 또는 관리 가능한 상황에서 이루어진 경우에 한하여 적용되는 것으로서, 이 경우에 있어서 묵시적 승인은 명시적 승인의 경우와 동일하게 면책약관이 적용되므로 무면허운전에 대한 승인 의도가 명시적으로 표현되는 경우와 동일시 할 수 있는 정도로 그 승인 의도를 추단할 만한 사정이 있는 경우에 한정되어야 하고, 무면허운전이 보험계약자나 피보험자의 묵시적 승인 하에 이루어졌는지 여부는 보험계약자나 피보험자와 무면허운전자의 관계, 평소 차량의 운전 및 관리 상황, 당해 무면허운전이 가능하게 된 경위와 그 운행 목적, 평소 무면허운전자의 운전에 관하여 보험계약자나 피보험자가 취해 온 태도 등의 여러 사정을 함께 참작하여 인정하여야 하며, 보험계약자나 피보험자가 과실로 운전자가 무면허임을 알지 못하였다거나 무면허운전이 가능하게 된 데에 과실이 있었다거나 하는 점은 무면허운전 면책약관의 적용에서 고려할 사항이 아니다. [2] 구 도로교통법시행규칙 [별표 14]의 개정에 의하여 운전면허를 받은 사람이 운전할 수 있는 자동차 등의 종류가 달라짐으로써 종전에 제1종 보통면허만으로 운전할 수 있던 차량이 제1종 대형면허가 있어야만 운전할 수 있는 것으로 변경되었음에도 피보험자나 그 종업원은 이를 모른 채 그 차량을 그 종업원이 운전하여 무면허운전이 된 경우, 피보험자가 그 종업원이 무면허 운전을 하는데 묵시적 승인을 하였다고 볼 수 없다고 한 사례. [3] 업무용자동차보험의 피보험자가 피해자와의 손해배상 판결 확정 후 피해자에게 배상금을 지급하지 아니한 채 보험금지급을 청구한 경우, 업무용자동차보험약관에 의하여 보험자

는 피해자가 피보험자로부터 배상을 받기 전에는 피보험자의 보험금지급청구를 거절할 권리가 있으나 보험자가 이를 포기하였거나 행사하지 아니하였다면 그 보험금지급을 거절할 수 없다고 본 사례. [4] 피보험자에게 지급할 보험금액에 관하여 확정판결에 의하여 피보험자가 피해자에게 배상하여야 할 지연손해금을 포함한 금액으로 규정하고 있는 자동차종합보험약관의 규정 취지에 비추어 보면, 보험자는 피해자와 피보험자 사이에 판결에 의하여 확정된 손해액은 그것이 피보험자에게 법률상 책임이 없는 부당한 손해라는 등의 특별한 사정이 없는 한 원본이든 지연손해금이든 모두 피보험자에게 지급할 의무가 있다.

7) 약관통제의 한계

국제적으로 통용되는 약관 기타 특별한 사정이 있는 약관으로서 대통령령이 정하는 경우에 개별적 통제에 관한 약관규제법 제7조 내지 제14조의 적용이 제한된다. 판례는 법 제6조도 그러한 제한을 받는다고 한다(대판 2002. 5. 8, 2000다50299). 이처럼 약관을 통제하는 데는 한계가 있다. 그 통제 중에서도 일반적 통제와 개별적 통제 그리고 무효에 의한 통제 등이 있다.

【 **관련판례** 】 (대판2002.5.8,2000다50299)

(약관 통제의 한계)

[1] 화환어음 매입은행의 매입서류에 대한 조사의무의 범위 [2] 신용장에 필요서류로서 신용장 개설은행 보관의 것과 일치하는 서명이 된 검사증명서를 요구하고 있는 경우, 매입은행은 그 서명 일치 여부를 확인할 의무가 있다고 한 사례 [3] 약관의 규제에 관한 법률 제15조 및 같은 법 시행령 제3조 소정의 수출보험법에 의한 수출보험의 약관에 대하여는 같은 법 제6조의 적용도 배제되는지 여부(적극) [4] 신용장에 필요서류로서 신용장 개설은행 보관의 것과 일치하는 서명이 된 검사증명서를 요구하고 있는 경우, 서명의 일치 부분은 비 서류적 조건에 해당하나 제반 사정에 비추어 무효라고 할 수 없다고 한 사례에서,

[재판요지]

[1] 화환어음 매입은행은 그 매입서류를 조사함에 있어서 실질적 조사의무가 면책되어 있

는 것이지만 제시된 서류가 신용장에 기재된 사항과 문면 상으로 일치되는지 여부 혹은 관계 서류가 상태성과 정규성을 갖추었는지 여부를 조사할 의무까지 면제되는 것은 아니다. [2] 신용장에 필요서류로서 신용장 개설은행 보관의 것과 일치하는 서명이 된 검사증명서를 요구하고 있는 경우, 매입은행은 그 서명 일치 여부를 확인할 의무가 있다고 한 사례. [3] 약관의 규제에 관한 법률 제15조 및 그 시행령 제3조 제3호의 규정에 의하면 수출보험법에 의한 수출보험의 약관에 대하여는 약관의 규제에 관한 법률 제7조 내지 제14조의 규정을 적용하지 아니한다고 되어 있는바, 약관이 구체적으로 무효가 되는 경우들을 규정한 같은 법 제7조 내지 제14조의 규정이 적용되지 아니한다면 약관이 일반적으로 무효가 되는 경우를 포괄적으로 규정하고 있는 제6조의 규정 역시 적용이 없다고 보아야 한다. [4] 신용장에 필요서류로서 신용장 개설은행 보관의 것과 일치하는 서명이 된 검사증명서를 요구하고 있는 경우, 서명의 일치 부분은 첨부서류 이외에 개설은행에 의뢰하여 그 서명의 일치 여부를 확인하기 전에는 충족 여부를 판별할 수 없는 비 서류적 조건에 해당하나 신용장이 개설된 경위 및 비 서류적 조건을 삽입할 필요성, 비 서류적 조건의 내용, 수익자가 그 비 서류적 조건을 응낙하였는지 여부, 그 조건의 성취에 관하여 매입자가 관여할 수 있는 정도 등에 비추어 보면, 신용장에 부가된 이와 같은 비서류적 조건은 신용장의 본질에 비추어 바람직하지 않기는 하지만 이를 무효라고 할 수 없다고 했다.

① 일반적 통제

약관을 작성함에는 쌍방이 형평에 맞는 내용을 작성해야 한다. 이는 신의 성실의 원칙에 입각해서 작성해야 함을 말한다. 이를 위반하면 약관은 무효가 된다.

② 개별적 통제

개별적으로 면책조항을 규정한 내용인 약관규제법 제7조 제1호, 제2호, 제3호 등에 해당하는 규정은 무효가 된다. 즉 사업자 등이 중대한 과실로 법률상의 책임을 면하는 조항 등이다. 그리고 손해배상액의 예정에 대한 통제도 있다. 즉 고객에 대하여 부당하게 과중한 지연손해금 등의 손해배상의무를 부담시키는 약관조항은 무효이다. 또한 계약해제 · 해지에 대한 통제는 법률의 규정에 의한 고객의 해제권이나 해지권을 배제한 조항 등은 무효가 된다. 그리고 채무의 이행과 관련해서 이유 없이 급부의 내용을 일방적으로 사업자가 결정하는 내용의 조항이나 고객의 권익을 보호하는 항변권이나 이를 제한하는 조항 등은 무효가 된다. 그 외 의사표시의 의제에 의한 통제, 대리인의 책임가중에 대한 통제, 제소와 관련된 통제 등이 있다.

【 최근판례 】 (의사표시의 의제에 의한 통제)

의사표시에 대해, 대판 2000.10.10. 99다35379는 보험계약자 또는 피보험자가 개인용 자동차보험 보통약관에 따라 주소변경을 통보하지 않는 한 보험증권에 기재된 보험계약자 또는 기명피보험자의 주소를 보험회사의 의사표시를 수령할 지정장소로 한다고 규정하고 있는 개인용 자동차보험 특별약관의 보험료 분할납입 특별약관 제3조 제3항 후단을 문언 그대로 보아 보험회사가 보험계약자 또는 피보험자의 변경된 주소 등 소재를 알았거나 혹은 보통 일반인의 주의만 하였더라면 그 변경된 주소 등 소재를 알 수 있었음에도 불구하고 이를 게을리 한 과실이 있어 알지 못한 경우에도 보험계약자 또는 피보험자가 주소변경을 통보하지 않는 한 보험증권에 기재된 종전주소를 보험회사의 의사표시를 수령할 지정장소로 하여 보험계약의 해지나 보험료의 납입최고를 할 수 있다고 해석하게 되는 경우에는 위 특별약관조항은 고객의 이익에 중대한 영향을 미치는 사업자의 의사표시가 상당한 이유 없이 고객에게 도달된 것으로 보는 조항에 해당하는 것으로서 약관규제법 제12조 제3호에 따라 무효라 할 것이고, 따라서 위 특별약관조항은 위와 같은 무효의 경우를 제외하고 보험회사가 과실 없이 보험계약자 또는 피보험자의 변경된 주소 등 소재를 알지 못하는 경우에 한하여 적용되는 것이라고 해석하여야 한다고 하였다.

③ 무효인 약관조항의 효력

약관조항의 무효인 경우에 민법상의 일부무효의 법리가 적용되지 않는다. 즉 약관의 전부 또는 일부의 조항이 무효인 경우에 계약은 나머지 부분만으로 유효하게 존속되지만 유효한 부분만으로는 계약의 목적달성이 불가능하면 전부가 무효로 된다.

【 최근판례 】 (약관을 무효로 본 경우)

약관을 무효로 보는 경우에 대판 2012.3.29. 2010다16199는 리스회사인 甲 주식회사가 고가의 의료기기인 디스크감압치료기를 리스물건으로 공급한 의료기기 판매업자 乙과 리스물건 재매입약정을 체결하면서 '甲 회사와 리스이용자 사이에 체결된 리스계약에서 정한 계약해지사유가 발생하면 甲 회사의 요청에 따라 乙이 리스물건의 상태 및 존재 유무에 상관없이 리스계약에서 정한 규정 손해금을 매입대금으로 하여 무조건 리스물건을 매수하여야 한다.'는 내용의 조항을 둔 산안에서, 금융리스계약의 본질적 기능이 리스이용자에게 리스물건의 취득자금에 대한 금융편의를 제공하는 데 있고, 디스크감압치료기와 같이 리스물건이 범용성이나 시장성을 결여하여 그 처분가액으로 취득자금을 회수하기 어려운 경우 리스회사가 리스계약에서 리스물건의 취득자금 회수와 기타 손해전보를 확보하기 위한 조치를 취해 둘 필요가 있으며, 리스물건 공급자의 입장에서도 금융리스제도의 이용으로 판로가 제한된 고가의 리스물건을 보다 용이하게 판매할 수 있고 매매대금을 일시에 지급받는 이익을 누릴 수 있는 점 등에 비추어, 위 조항이 약관규제법에 위배되어 무효라고 보기 어렵다고 하였다.

【 최근판례 】 (명시 · 설명방법의 정도)

설명의무와는 대판 2010.10.28 2010다9153은 웹사이트에서 다중이용자 온라인 롤플레잉 게임(MMORPG : Massively Multiplayer Online Role Playing Game)인 '리니지(Lineage) Ⅰ' 인터넷 게임서비스를 제공하는 사업자가 게임약관 및 통합서비스약관에서 게임의 운영정책을 약관내용의 일부로 규정하고 따로 그 운영정책을 공지하고 있어 운영정책이 적법하게 약관의 일부가 되었으며, 위 사업자가 「개별이용자의 게임 이용 시 화면에 이용자 동의서를 띄워 놓는 방법」으로 운영정책의 내용을 개별적으로 고지한 후 위 게임을 이용하도록 하였으므로, 위 게임이용자들은 그 동의서의 내용에 동의한 사실을 추단할 수 있으므로 운영정책이 편입된 위 게임약관에 동의한 것으로 보아야 한다고 한 원심의 판단이 정당하다고 하였다.

【 **최근판례** 】 (객관적 통일적 해석) 

약관의 통일적 해석에서, 대판 2010.11.25. 2010다45777은 공제계약의 피공제자가 자살을 시도하다가 그로 인한 후유증으로 1급의 신체 장해상태가 된 사안에서, 공제약관에서 재해로 인한 사망 또는 1급장해의 경우에는 유족위로금(사망) 또는 장해연금(1급장해(을 지급하고, 재해 외의 원인으로 인한 삼아 또는 1급 장해의 경우에는 유족위로금을 공제금으로 지급하도록 규정하고 있고, 위 공제약관의 재해분류표에 의하면 고의적인 자살이나 자해로 인한 사망 또는 1급장해의 경우는 원칙적으로 재해 외의 원인으로 인한 공제사고에 해당하여 유족위로금의 지급사유가 될 수 있을 뿐이며, 다만 위 공제약관의 면책조항에서 고의적인 자살이나 자해로 인한 사망 또는 1급 장해의 경우를 공제사고에서 제외하는 한편, 그러한 자살이나 자해로 인한 삼아 또는 1급장해가 계약의 책임개시 일부터 1년이 경과한 후 발생한 때에는 다시 그 면책을 제한하고 있으나, 그 면책제한조항은 자살 또는 자해가 계약의 책임개시 일부터 상당기간이 경과한 후 이루어진 경우에는 그 자살 또는 자해에 공제금을 취득하려는 부정한 동기나 목적이 있는지 여부를 판정하기 어렵다는 점을 고려하여 그 면책의 예외를 인정한 것으로서, 위 면책조항에 의하여 줄어든 '재해 외의 원인으로 인한 공제사고의 객관적 범위'를 다시 일부 확장시키는 규정이라고 해석될 뿐 '재해로 인한 공제사고의 객관적 범위'까지 확장하기 위하여 둔 규정이라고는 볼 수 없으므로, 위 면책조항 및 면책제한조항은 제해에 해당하지 아니하는 원인으로 사망하거나 1급장해가 발생한 때에는 재해를 원인으로 하는 장해연금이 아니라 유족위로금이 그 공제금으로 지급되어야 하는데, 계약의 책임개시 일부터 1년 이내에 피공제자가 자살 또는 자해를 하여 공제사고가 발생한 경우라면 공제사업자가 유족위로금 지급책임을 면하지만 그 후의 자살 또는 자해로 인한 경우라면 그 지급책임을 면하지 못한다는 취지로 해석함이 자연스럽고 합리적이라고 하여, 재해 외의 원인으로 인한 공제사고에 대한 공제사업자의 면책제한사유를 확장 해석하여 재해로 인한 장해연금의 지급의무를 인정한 원심판결을 파기하였다. 그리고 대판 2011.3.24. 2010다94021은 甲이 자동차공제계약의 기명조합원에게서 운전기사와 함께 공제계약 자동차를 임차하여 작업을 하던 중 상해를 입은 사안에서, 전국화물자동차공제조합의 자동차공제약관이 기명조합원한테서 허락을 얻어 공제계약 자동차를 운행하는 자가 죽거나 다친 경우 대인배상 II에서 정한 공제조합의 보상금 지급의무가 면책되는 것으로 규정하고 있으므로, 공제조합으로서는 죽거나 다친 피해자가 위 면책조항에서 정한 승낙조합원에 해당한다는 사유가 있으면 대인배상II에서 정한 보상금 지급의무의 면책을 주장할 수 있고, 甲은 기명조합원에게서 허락을 얻어 공제계약 자동차를 운행하는 자에 해당하므로 공제조합은 위 면책조항에 따라 대인배상Ⅱ에 의한 보상금을 甲에게 지급할 의무가 없다고 하였다.

【 **최근판례** 】 (약관을 무효로 본 경우)

대판 2012.7.12. 2010다1272는 구 신탁법(2011.7.25. 법률 제10924호로 전부개정되기 전의 것) 제56조가 "위탁자가 신탁이익의 전부를 향수하는 신탁은 위탁자 또는 그 상속인이 언제든지 해지할 수 있다"라고 규정하고 있으므로, "위탁자가 신탁이익 전부를 향수하는 신탁에서 위탁자에게 인정되는 해지권을 상당한 이유 없이 배제하는 약관조항은 공평의 관점에서 보아 고객에게 부당하게 불리하고 신의성실의 원칙에 반하여 공정을 잃은 것으로서 무효라고 보아야 한다."고 하였다.

【 **최근판례** 】 (작성자 불이익의 원칙)

작성자가 불이익을 받아야 한다는 판결에서, 대판 2010.11.11. 2010다62628은 "자동차보험약관에서 '보험계약자 또는 피보험자(이하 '보험계약자등'이라 한다)의 고의에 의한 손해'를 보험자가 보상하지 아니하는 사항으로 규정하고 있는 경우, 이러한 면책약관은 이를 엄격히 제한적으로 해석함이 원칙인 점, 상해와 사망 또는 사망에 준하는 중상해(이하 이를 '사망 등'이라 한다) 사이에는 그 피해의 중대성에 있어 질적인 차이가 있고 손해배상책임의 범위에도 커다란 차이가 있으므로 통상 예상할 수 있는 범위를 넘어서 사망 등과 같은 중대한 결과가 생긴 경우에까지 보험계약자 등이 스스로 초래한 보험사고로 취급되어 면책약관이 적용되리라고는 생각하지 않는 것이 보험계약자 등의 일반적인 인식인 점, 보험계약자 등이 적극적으로 사망 등의 결과를 의욕 하거나 의도한 것이 아닌 이상, 그에 대하여 위 면책약관이 적용되지 아니하는 것으로 보더라도 인위적인 사고를 조정할 위험성이 크다고는 할 수 없고 오히려 보험의 사회보장적 기능에 부합하는 점 등을 종합적으로 고려하면, 자동차 운행으로 인한 사고의 경위와 전후 사정 등에 비추어 보험계약자 등이 피해자의 상해에 대하여는 이를 인식 · 용인하였으나, 피해자의 사망 등 중대한 결과에 대하여는 이를 인식 · 용인

하였다고 볼 수 없는 경우에는, 그 사망 등으로 인한 손해는 위 자동차보험약관에서 정한 '보험계약자 등의 고의에 의한 손해'에 해당하지 아니하고, '따라서 위 면책약관이 적용되지 아니하는 것으로 봄이 상당하다'고 하였다.

【 **최근판례** 】 (작성자 불이익의 원칙)

또한 대판 2010.7.22. 2010다28208 · 28215는 보험회사의 보험계약약관에서 말하는 암 수술급여금의 지급대상인 '수술'에 폐색전술이 해당하는지 여부가 문제된 사안에서, 보험계약약관 제5조에서는 암 보험급여의 대상이 되는 수술을 특정암 또는 일반암의 치료를 직접적인 목적으로 수술을 받는 행위라고만 규정하고 있을 뿐 의료계에서 표준적으로 인정되는 수술이라고 제한하고 있지 않고 위 약관에서 수술의 의미를 구체적으로 명확하게 제한하고 있지도 않고, 가는 관을 대동맥에 삽입하여 이를 통해 약물 등을 주입하는 색전술도 넓은 의미의 수술에 포함될 여지가 충분히 있고 甲 보험회사는 병원에 직접 乙의 치료내용을 확인한 후 3년 3개월 동안 19회에 걸쳐 합계 1억 1,400만원의 암 수술급여금을 지급해 왔으므로, 乙이 받은 폐색전술은 보험계약약관 제5조의 수술에 해당한다고 봄이 상당하고, 이러한 해석론이 약관해석에 있어서의 작성자 불이익의 원칙에도 부합하는 것이라고 하였다.

【 **최근판례** 】 (작성자 불이익의 원칙)

그리고 대판 2011.8.25. 2009다79644는 甲 주식회사가 제공하는 다중이용자 온라인 롤플레잉게임(MMORPG : Massively Multiplayer Online Role Playing Game)인 '리니지(Lineage) I' 인터넷 게임 서비스이용자 乙이 자신의 계정을 이용하여 3회에 걸쳐 게임 내에서 통용되는 화폐아이템을 현금으로 구입하는 현금거래행위를 하였는데, 게임이용약관 및 운영정책에서 '아이템 현금거래행위에 대하여 최초 1회 적발이라고 하더라도 해당 계정으로 과거 현금거래를 한 사실이 추가확인되는 경우 등에는 해당 계정에 대한 영구이용제한의 조치를 받을 수 있고, 2회 적발시 적발된 계정의 영구이용정지가 가능하다'고 규정하고 있으나, 3회에 걸쳐 이루어진 위 현금거래행위가 모두 甲 회사에 의하여 한꺼번에 적발

되었음에도, 甲 회사가 乙의 해당 계정에 대하여 영구이용정지조치를 취한 사안에서, 甲 회사가 위 규정 전단을 적용하여 영구이용정지조치를 취하기 위해서는 '최초 1회 적발'이라는 요건과 '해당 계정으로 과거 현금거래행위를 한 사실의 추가확인'이라는 요건이 모두 충족되어야 하는데, '최초 1회 적발'의 의미는 문언 상 현금거래행위의 횟수와 상관없이 이용자의 현금거래행위에 대한 '첫 번째 적발'을 의미하고, '해당 계정으로 과거 현금거래행위를 한 사실의 추가확인'의 의미는 甲 회사가 이용자의 현금거래행위에 대하여 '첫 번째 적발' 후 그에 따른 제재조치를 하기 전에 다른 현금거래행위가 있는지 확인하는 과정에서 '추가로 새로운 현금거래행위를 확인하는 경우'를 의미한다고 해석될 여지가 충분히 있으며, 나아가 甲 회사가 위 규정 후단을 적용하여 영구이용정지조치를 취하기 위해서도 이용자의 현금거래행위가 2회 '있는' 경우가 아니라 이용자의 현금거래행위가 2회 '적발'된 경우에 해당되어야 한다고 해석될 여지가 충분히 있으므로, 약관해석에서 작성자 불이익의 원칙상 甲 회사로서는 위 규정에 근거하여 乙의 해당 계정에 대한 영구이용정지조치를 취할 수 없다고 하였다.

8) 약관해석과 관련된 대판 2011.4.28. 2010다106337은 주택분양보증약관에서 '입주자모집공고 전에 주택분양계약을 체결한 자가 납부한 입주금'을 보증채무대상에서 제외하고 있는 사안에서, 입주자모집공고 전에 주택분양계약을 체결한 자는 주택분양보증제도를 통하여 보호하고자 하는 관계법령이 정한 절차와 방법에 따라 분양계약을 체결한 자로 보기 어려운 점 등에 비추어, 약관규정에서 정한 '입주자모집공고 전에 주택분양계약을 체결한 자가 납부한 입주금'이란 입주자모집공고 전에 주택분양계약을 체결한 자가 납부한 입주금 전체를 의미하는 것으로 해석하여야 하고, 입주자모집공고 전에 주택분양계약을 체결한 자가 입주자모집공고 전에 납부한 입주금으로 제한하여 해석할 수 없다고 하였다.

9) 또한 대판 2012.8.30. 2011다10312는 "상법 제682조는 '손해가 제3자의 행위로 인하여 생긴 경우에 보험금액을 지급한 보험자는 그 지급한 금액의 한도에서 그 제3자에 대한 보험계약자 또는 피보험자의 권리를 취득한다. 그러나 보험자가 보상할 보험금액

의 일부를 지급한 때에는 피보험자의 권리를 해하지 아니하는 범위 내에서 그 권리를 행사할 수 있다'고 규정하고 있다. 이러한 손해보험에서의 보험자대위권은 피보험자의 이중이득을 방지하기 위하여 정책적으로 인정되는 것인 점 등을 고려할 때, 이른바 '일부보험'의 경우 보험자가 대위할 수 있는 피보험자의 제3자에 대한 권리의 범위는 보험약관 등에 이에 관한 명시적인 규정이 있다면 이에 따라야 할 것이나, 그렇지 않다면 약관해석에 관한 일반원칙에 따라 고객에게 유리하게 해석하여, 피보험자가 실제로 입은 손해 이상의 이득을 취하는 것이 아닌 이상, 피보험자의 권리를 해하지 아니하는 범위 내로 제한된다고 봄이 타당하다. 따라서 손해보험계약의 약관에서 '보험자가 보험금을 지급한 때에는 지급한 보험금의 한도 내에서 보험계약자 또는 피보험자가 제3자에 대하여 가지는 손해배상청구권을 취득하되, 보험자가 보상한 금액이 피보험자가 입은 손해의 일부인 경우에는 피보험자의 권리를 침해하지 아니하는 범위 내에서 보험자가 그 권리를 취득한다.'고 규정하고 있다면 보험자대위에 의하여 보험자가 행사할 수 있는 권리의 범위는 그 약관규정에 따라 제한된다. 따라서 보험사고가 피보험자와 제3자의 과실이 경합되어 발생한 경우 피보험자가 제3자에 대하여 그 과실분에 상응하여 청구할 수 있는 손해배상청구권 중 피보험자의 전체 손해액에서 보험자로부터 지급받은 보험금을 공제한 금액만큼은 여전히 피보험자의 권리로 남는 것이고, 그것을 초과하는 부분의 청구권만이 보험자가 보험자대위에 의하여 제3자에게 직접 청구할 수 있게 된다."고 하였다.

【 최근판례 】 (개별약관 우선의 원칙) 

개별약정을 인정하기 위한 요건에 관하여, 대판 2008.7.10. 2008다16950은 "계약의 일방당사자가 다수의 상대방과 계약을 체결하기 위해서 일정한 형식에 의하여 미리 계약서를 마련하여 두었다가 어느 한 상대방에게 이를 제시하여 계약을 체결하는 경우에도 그 상대방과 특정조항에 관하여 개별적인 교섭(또는 흥정)을 거침으로써 상대방이 자신의 이익을 조정할 기회를 가졌다면, 그 특정조항은 약관의 규제에 관한 법률의 규율대상이 아닌 개별약정이 된다고 보아야 하고, 이때 개별적인 교섭이 있었다고 하기 위해서는 비록 그 교섭의 결과가 반드시 특정조항의 내용을 변경하는 형태로 나타나야 하는 것은 아니라 하더라도, 적어도 계약의 상대방이 그 특정조항을 미리 마련한 당사자와 거의 대등한 지위에서 당해 특정조항에 대하여 충분한 검토와 고려를 한 뒤 영향력을 행사함으로써 그 내용을 변경할 가능성은 있어야 한다."고 하였다. 약관조항이 당사자 사이의 합의에 의하여 개별약정으로 되었다는 사실은 이를 주장하는 측에서 증명하여야 한다(대판 2010.9.9. 2009다10583 참조)고 했다.

제2절 **계약의 성립**

계약의 총칙에는 계약의 성립과 계약의 효력 그리고 계약의 해제, 해지로 그 전체관계를 분석 할 수 있다. 이를 알기 쉽게 구분해 본다면 다음과 같다(아래의 표는 지원림 민법강의 교재를 참고해서 분석했다).

❖ 계약에 대한 이해

◎ 계약의 성립=권리근거사실

| ←권리의 장애사유: 계약의 효력발생에 대한 장애사유는 무효 · 취소다.

| • 무효사유의 존재: 의사무능력, 원시적 불능, 강행규정 위반, 사회질서 위반, 비진의 표시, 허위표시 등

| • 취소사유의 존재(및 취소권의 행사): 제한행위능력자, 착오, 사기 · 강박에 의한 하자있는 의사표시 등

↓

◎ 계약의 효력발생=권리행사가 가능하다

| ←권리행사에 대해 저지사유: 권리의 행사에 대한 장애사유

| • 항변권의 존재: 동시이행의 항변권, 최고 · 검색의 항변권 유치권의 존재

| • 부관의 존재: 정지조건의 불성취, 기한의 미도래(정지기한의 존재를 포함)

|

| ←권리멸각사실

| • 계약의 효력자체의 소멸사유: 해제조건의 성취, 종기의 도래, 해제권행사,

| 합의해제

| • (계약상)권리의 소멸사유: 변제 등의 채권소멸사유, 소멸시효의 완성

|　　　　　　　　　　(및 원용권의 행사), 제척기간의 만료, 채무자에게
|　　　　　　　　　　책임 없는 사유로 인한 이행불능(대상청구권을 행사
|　　　　　　　　　　하는 경우에는 그렇지 않다)
|　• 주체의 변경: 채권자의 변경: 채권양도
　　　　　　　　　　채무자의 변경: 면책적 채무인수

↓

◎ 계약관계의 종료

- 해제권의 행사
- 해지권의 행사
- 기간의 도래
- 조건의 성취

계약 성립의 과정

(1) 청약과 승낙에 의한 계약 성립

┌ 통상 계약의 성립 – 주관적 · 객관적 합치(착오적용 배제)
└ 계약의 경쟁체결 – 경매 · 입찰에 의한 계약 성립

(2) 승낙의제에 의한 계약 성립 – 교차청약 · 의사실현에 의한 성립

(3) 개별적 청약 · 승낙 없는 계약 성립 – 사실적 계약

1. 공통의 성립요건

(1) 원칙적으로 계약은 당사자들의 의사의 합치에 의해 성립한다. 그 합의는 청약과 승

낙으로 된다. 따라서 계약의 성립은 청약과 승낙으로 이루어지는 것이 일반적이다(대판 2010. 4. 29, 2009다16896).

(2) 민법에는 계약의 성립에 관해서 뿐만 아니라, 교차청약 또는 의사실현에 의해 성립하는 것을 규정하고 있다(제532~533조).

(3) 교차청약에 의해 계약이 성립되는 시기는 양 청약이 상대방에 도달한 때이다. 이는 당사자 간에 같은 내용의 청약을 서로 행한 경우를 말한다. 예컨대 갑이 을에게 어떤 매매의 청약을 했을 경우에 을도 갑의 청약을 모르고 승낙이 아닌 청약을 한 경우이다.

(4) 의사실현에 의해 계약이 성립하는 시기는 승낙의 의사표시로 인정되는 사실이 있는 때이다. 이는 교차청약과는 다르다.

(5) 계약서의 작성과 계약 성립은 어떤 관계에 있는가?

가령 부동산의 매매계약 등에서 계약서를 작성하는 것이 관행으로 되어 있는 것처럼 계약을 체결하면서 계약서를 작성하는 경우가 많다. 그런데 법률의 규정에 의하여 계약서의 작성으로 비로소 계약이 성립하는 경우(예: 국가를 당사자로 하는 계약에 관한 법률 제11조에 따라 국가가 경쟁 입찰의 방법으로 계약을 체결하는 경우, 대판 2009.12.24. 2009다51288은 국가를 당사자로 하는 계약에 관한 법률의 규정을 준용하는 구 지방재정법[2005.8.4. 법률 제7663호로 전부 개정되기 전의 것] 제63조를 근거로 "지방자치단체가 사경제의 주체로서 사인과 사법상의 계약을 체결함에 있어서는 위 법령에 따른 계약서를 따로 작성하는 등 그 요건과 절차를 이행하여야 하고, 설사 지방자치단체와 사인 사이에 사법상의 계약 또는 예약이 체결되었다 하더라도 위 법령상의 요건과 절차를 거치지 않은 계약 또는 예약은 그 효력이 없다"고 하였다)(한편 할부거래에 관한 법률 제6조. 방문판매 등에 관한 법률 제7조 및 건설 산업기본법 제22조 등은 서면에 의한 계약체결 및 계약서의 교부를 의무화하고 있고, 이러한 의무를 위반한 경우에 과태료 또는 벌금이 부과되지만, 계약 자체의 사법상의 효력에는 영향이 없다)를 제외하고, 계약서의 작성은 계약의 성립 그 자체의 요건이 아니며, 원칙적으로 그것은 계약의 성립을 증명하는 증거일 뿐이다(이와 달리 당사의 의사에 따라 계약서를 작성하여야 비로소 계약이 성립하는 경우도 있을 수 있다).

한편 당사자들의 서면 등의 방식에 관하여 합의한 경우에, 방식이 갖추어져야 계약이 성립하는 경우(즉 합의에 의한 요식계약, 이 경우 계약서는 이른바 창설적 서면으로 그것이 없으면 계약의 성립 자체가 부정된다)와 단지 증거를 확보하기 위한 경우(이 경우 계약서는 이른바 선언적 서면으로, 그것이 없더라도 계약의 성립 자체가 부정되지는 않는다)의 두 경우가 있다. 그런데 계약이 성립하였음을 증명하는 서면은 이른바 공문서로서, 그 진정 성립(작성명의인의 의사에 기하여 작성되었음)이 인정되면 그 문서에 표시된 의사표시의 존재와 내용을 부정할 만한 분명하고도 수긍할 수 있는 특별한 사정이 없는 한 법관은 그에 기속된다(가령 대판 2000.10.13. 2000다38602. [2-225]도 참조). 그 밖에 제555조에 의하여 서면에 의하지 않는 경우에 계약의 효력이 약해지는 경우도 있다.

2. 청약과 승낙

(1) 청약

청약은 상대방에 대한 의사표시이다. 이는 승낙과 결합해서 일정한 내용의 계약을 성립시킬 것을 목적으로 하는 일방적 · 확정적 의사표시이다(대판 1993. 10. 22, 93다32509). 이는 의사표시일 뿐 승낙이라는 의사표시와 결합해서 법률행위를 성립시키는 법률사실이다. 청약의 상대방이 특정인에 행해져야 하나, 명시적으로 특정되지 않아도 된다(일정의 장소에 자판기를 설치하는 경우 등은 청약의 상대방이 특정되지 않고 불특정 다수인이 청약의 대상이 된다). 즉 의사실현에 의해 계약이 성립하기 위해서는 ① 청약자의 의사표시 또는 관습에 의해 승낙의 통지가 필요하지 아니한 경우이어야 한다. 그리고 ② 승낙의 의사표시로 인정되는 사실이 행해져야 한다. 반면 '청약의 유인'은 청약자가 청약을 하고도 다시 청약의 자유를 갖는 경우다. 즉 '하숙집 구함'이나 '직원구함' 상가분양을 하면서 일정액 이상의 수익을 보장한다는 내용의 광고를 하고, 이를 보고 찾아온 고객에 따라 다시 청약의 여부를 결정할 수 있는 자유를 갖는다(대판 2001.5.29,99다55601 · 55618). 이를 청약의 유인이라고 한다. 그러나 자판기 설치나 정찰제의 가격이 붙은 상품진열은 청약 유인 이후에 다시 청약에 대한 결정권의 자유가 없다. 이는 청약에 해당한다.

【 청약의 유인에 대한 판례 】 (대판 2001.5.29,99다55601 · 55618)

[1] 분양광고의 내용이 계약의 내용으로 되지 않았다고 본 사례 [2] 상가를 분양하면서 그 운영방법 및 수익보장에 대하여 다소의 과장 · 허위 광고가 수반되었다 하더라도 기망행위에 해당하지 않는다고 본 사례에서,

[재판요지]

[1] 상가를 분양하면서 그 곳에 첨단 오락타운을 조성 · 운영하고 전문경영인에 의한 위탁경영을 통하여 분양계약자들에게 일정액 이상의 수익을 보장한다는 광고를 하고, 분양계약 체결 시 이러한 광고내용을 계약상대방에게 설명하였더라도, 체결된 분양계약서에는 이러한 내용이 기재되지 않은 점과, 그 후의 위 상가 임대운영경위 등에 비추어 볼 때, 위와 같은 광고 및 분양계약 체결시의 설명은 청약의 유인에 불과할 뿐 상가 분양계약의 내용으로 되었다고 볼 수 없고, 따라서 분양 회사는 위 상가를 첨단 오락타운으로 조성 · 운영하거나 일정한 수익을 보장할 의무를 부담하지 않는다고 한 사례. [2] 상품의 선전 광고에 있어서 거래의 중요한 사항에 관하여 구체적 사실을 신의성실의 의무에 비추어 비난받을 정도의 방법으로 허위로 고지한 경우에는 기망행위에 해당한다고 할 것이나, 그 선전 광고에 다소의 과장 허위가 수반되는 것은 그것이 일반 상거래의 관행과 신의칙에 비추어 시인될 수 있는 한 기망성이 결여된다고 할 것이고, 또한 용도가 특정된 특수시설을 분양받을 경우 그 운영을 어떻게 하고, 그 수익은 얼마나 될 것인지와 같은 사항은 투자자들의 책임과 판단 하에 결정될 성질의 것이므로, 상가를 분양하면서 그 곳에 첨단 오락타운을 조성하고 전문경영인에 의한

위탁경영을 통하여 일정 수익을 보장한다는 취지의 광고를 하였다고 하여 이로써 상대방을 기망하여 분양계약을 체결하게 하였다거나 상대방이 계약의 중요부분에 관하여 착오를 일으켜 분양계약을 체결하게 된 것이라 볼 수 없다고 한 사례.

(2) 청약의 효력

청약은 상대방에 대한 의사표시이다. 그 효력은 상대방에 도달해야 한다. 그런데 문제는 불특정인에 대한 청약의 경우에 대한 문제인바, 이때는 불특정인이 알 수 있는 때부터 효력이 있다. 즉 불특정인 중에서 특정인으로 된 때에는 그 때부터 효력이 발생한다. 이러한 청약의 효력이 발생하기 전에는 그 청약을 철회할 수 있다.

1) 효력시기

민법은 청약의 효력발생 시기를 도달주의에 의한다(제111조 제1항). 청약의 의사표시 후에 청약이 도달하기 전에 청약자가 사망 내지 행위능력을 상실해도 청약의 효력에는 영향이 없다(제111조 제2항). 즉 청약의 내용대로 효력이 발생한다는 의미다. 청약자가 사망한 경우는 그 상속인이 승계하게 되지만 개성이 중시되는 고용이나 위임 등은 승계하지 못한다(제657조, 제690조, 제717조). 반대로 청약의 도달 전에 청약의 상대방이 행위능력을 상실하면 수령능력의 문제가 된다(제112조 참조). 사망한 경우에는 상속의 것인지의 문제로 된다. 즉 청약에 대한 수령을 승계할 성질의 것인지에 따라 결정 된다는 의미다. 예컨대 청약의 자유가 일신 전속적인 내용에 대해서는 상속되지 않는다.

2) 청약의 구속력(제527~529조)

청약의 효력이 생기면 청약자는 철회하지 못한다. 청약자가 기간을 정해서 청약한 경우는 그 기간 내에는 철회를 못하고, 기간을 정하지 않고 청약한 경우는 '상당한 기간 동안' 청약을 거절하지 못한다. 청약자가 마음대로 철회할 수 있다고 하면 거래의 안전을 위협할 수 있고, 상대방에게 부당한 손해를 줄 염려 때문이다. 상행위에 관해서는 격지자간이 아니라도 발신주의가 적용되는 경우가 많다. 이는 거래의 안전 때문이다(상법 제52, 53, 67조).

그러나 예외로 상대방에게 손해를 줄 염려가 없는 경우에는 청약의 구속력은 배제된다. 이러한 경우를 통설은 처음부터 철회권을 유보한 경우와 청약기간을 정하지 않은 대화자 사이의 경우를 든다. 청약의 구속력과 계약해소의 예외로서 '계약 철회권유보제도'를 두고 있다. 이는 할부판매나 방문판매에 대해 소비자가 상품구입을 할 것인지를 생각할 여유를 주는 제도이다. 즉 소비자보호를 위한 할부거래에 관한 법률 제5조 및 방문판매 등에 관한 법률 제10조에서는 일정한 요건 하에 매수인 또는 구매자가 행한 청약의 구속력에 대해서 예외를 인정하여 어떤 정당한 이유가 없다고 해도 청약자(여기서의 구매자)청약을 철회할 수 있도록 하고 있다. 이는 엄격하게 말하면 계약이 성립된 후의 문제이므로, 청약의 철회라는 용어를 사용할 수 없고 계약의 해소라고 할 수 있다(김형배 채권각론 100면).

3) 청약의 구속력 배제 이유

이와 같이 청약의 구속력을 배제하는 이유는 매수인이 경솔하게 매수 또는 구매를 결정한 소비자로 하여금 신중을 기할 수 있는 재고의 기간을 부여하기 위한 것이라고 하겠다.

4) 승낙적격(청약의 실질적 효력)

청약자를 위해 승낙적격을 두고 있다. 이는 승낙을 할 수 있는 기간인 청약의 효력이 존속하는 동안을 말한다. 즉 청약자가 청약을 한 때부터 청약의 효력을 잃을 때까지 또는 승낙기간을 정한 경우에 그 기간 동안이다. 따라서 청약의 존속기간=청약의 구속력=승낙기간=승낙적격의 관계를 이룬다.

승낙기간을 정한 경우에 그 기간에 승낙을 받지 못하면 계약이 불성립된다. 기간을 정하지 않은 경우에는 상당기간 승낙을 받지 못하면 청약의 효력을 잃고 계약이 불성립된다(제529조).

【 **관련판례** 】 (대판 1999. 1. 29, 98다48903)

(청약의 실질적 효력)

[1] 화해계약을 체결하기 위한 청약이 실효되는 경우 [2] 청약자가 미리 정한 기간 내에 이의를 하지 아니하면 승낙한 것으로 간주한다는 뜻을 청약 시 표시한 경우 그 효력에 대한 사례에서,

[재판요지]

[1] 민법 제527조, 제528조 제1항 및 상법 제52조의 규정에 의하면, 각기 다른 보험회사의 보험에 가입한 피보험차량들이 일으킨 교통사고로 제3의 피해자가 손해를 입어 어느 한 보험회사가 손해 전액을 배상한 경우에 그 보험회사가 함께 손해배상책임을 부담하는 다른 피보험차량의 운행자나 그 보험회사와 사이에 쌍방의 손해분담비율에 관하여 화해계약을 체결하기 위한 청약을 함에 있어서도 그 청약은 원칙적으로 철회하지 못하는 것이나, 청약 시 승낙기간을 정한 경우에는 그 승낙기간, 그렇지 아니한 경우에는 상당한 기간이 도과하면 그 청약은 실효되고, 이때의 상당한 기간은 청약이 상대방에게 도달하여 상대방이 그 내용을 받아들일지 여부를 결정하여 회신을 함에 필요한 기간을 가리키는 것으로, 이는 구체적인 경우에 청약과 승낙의 방법, 계약 내용의 중요도, 거래상의 관행 등의 여러 사정을 고려하여 객관적으로 정하여지는 것이다. [2] 청약이 상시거래관계에 있는 자 사이에 그 영업부류에 속한 계약에 관하여 이루어진 것이어서 상법 제53조가 적용될 수 있는 경우가 아니라면, 청약의 상대방에게 청약을 받아들일 것인지 여부에 관하여 회답할 의무가 있는 것은 아니므로, 청약자가 미리 정한 기간 내에 이의를 하지 아니하면 승낙한 것으로 간주한다는 뜻을 청약 시 표시하였다고 하더라도 이는 상대방을 구속하지 아니하고 그 기간은 경우에 따라 단지 승낙기간을 정하는 의미를 가질 수 있을 뿐이다.

(3) 승낙

1) 의의

청약의 상대방이 청약자에 대하여 하는 청약 수령자가 계약을 성립시키기 위해 청약자에 하는 의사표시가 승낙이다. 이러한 청약에 대한 승낙이 있게 되면 계약이 성립한다. 이

를 청약자와 승낙자간의 합의 또는 합치라고 한다. 합치에는 주관적 합치와 객관적 합치가 있다.

– 주관적인 합치– 승낙은 반드시 특정인인 청약자에 대하여 하여야 한다는 것이다.

– 객관적인 합치– 승낙은 청약의 내용과 일치하여야 한다는 것이 객관적 합치이다.

【 관련판례 】 (대판 2003. 4. 11, 2001다53059) 

(승낙의 방법)

[1] 계약의 성립을 위한 의사표시의 객관적 합치의 정도 [2] 청약의 의사표시의 방법과 내용 [3] 계약교섭의 부당한 중도파기가 불법행위를 구성하는지 여부(적극) [4] 계약교섭의 부당한 중도파기로 인한 손해배상책임의 범위(=신뢰손해) 및 신뢰 손해의 의미 [5] 계약교섭의 부당한 중도파기로 인하여 인격적 법익이 침해된 경우 그 정신적 고통에 대한 별도의 손해배상을 구할 수 있는지 여부에 대해,

[재판요지]

[1] 계약이 성립하기 위하여는 당사자의 서로 대립하는 수개의 의사표시의 객관적 합치가 필요하고 객관적 합치가 있다고 하기 위하여는 당사자의 의사표시에 나타나 있는 사항에 관하여는 모두 일치하고 있어야 하는 한편, 계약 내용의 '중요한 점' 및 계약의 객관적 요소는 아니더라도 특히 당사자가 그것에 중대한 의의를 두고 계약 성립의 요건으로 할 의사를 표시한 때에는 이에 관하여 합치가 있어야 계약이 적법 · 유효하게 성립한다. [2] 계약이 성립하기 위한 법률요건인 청약은 그에 응하는 승낙만 있으면 곧 계약이 성립하는 구체적, 확정적 의사표시여야 하므로, 청약은 계약의 내용을 결정할 수 있을 정도의 사항을 포함시키는 것이 필요하다. [3] 어느 일방이 교섭단계에서 계약이 확실하게 체결되리라는 정당한 기대 내지 신뢰를 부여하여 상대방이 그 신뢰에 따라 행동하였음에도 상당한 이유 없이 계약의 체결을 거부하여 손해를 입혔다면 이는 신의성실의 원칙에 비추어 볼 때 계약자유원칙의 한계를 넘는 위법한 행위로서 불법행위를 구성한다. [4] 계약교섭의 부당한 중도파기가 불법행위를 구성하는 경우 그러한 불법행위로 인한 손해는 일방이 신의에 반하여 상당한 이유 없이 계약교섭을 파기함으로써 계약체결을 신뢰한 상대방이 입게 된 상당인과관계 있는 손해로서 계약이 유효하게 체결된다고 믿었던 것에 의하여 입었던 손해 즉 신뢰손해에 한정된다고 할 것이고, 이러한 신뢰손해란 예컨대, 그 계약의 성립을 기대하고 지출한 계약준비비용과 같이

그러한 신뢰가 없었더라면 통상 지출하지 아니하였을 비용 상당의 손해라고 할 것이며, 아직 계약체결에 관한 확고한 신뢰가 부여되기 이전 상태에서 계약교섭의 당사자가 계약체결이 좌절되더라도 어쩔 수 없다고 생각하고 지출한 비용, 예컨대 경쟁 입찰에 참가하기 위하여 지출한 제안서, 견적서 작성비용 등은 여기에 포함되지 아니한다. [5] 침해행위와 피해법익의 유형에 따라서는 계약교섭의 파기로 인한 불법행위가 인격적 법익을 침해함으로써 상대방에게 정신적 고통을 초래하였다고 인정되는 경우라면 그러한 정신적 고통에 대한 손해에 대하여는 별도로 배상을 구할 수 있다.

2) 승낙기간

승낙의 효력이 인정되기 위해서는 청약이 유효하게 존재하는 동안에 해야 한다. 그리고 그 승낙기간이 정해진 경우는 그 승낙의 기간에 승낙의 의사표시가 청약자에게 도달해야 한다. 이를 정하지 않은 경우는 상당기간 내에 청약자에게 도달해야 한다. 이를 달리, 승낙기간 또는 승낙 적격이라고도 한다. 여기서의 상당한 기간이란 구체적인 사정을 고려해서 객관적으로 판단해야 한다.

【 관련판례 】 (대판 1994. 8. 12, 92다23537)
(승낙기간)

가. 확정매도신청(Firm Offer) 형식의 거래제의 문상의 유효기간을 58분경과 한 후 승낙의 의사표시가 있은 경우 청약의 효력이 상실되었다고 본 사례. 나. 법관의 제척원인이 되는 전심관여에 포함되지 않는 경우,

[재판요지]
가. 유효기간을 1990.8.8. 18:00까지로 하는 청약의 취지가 담긴 상품거래 제 의문을 교부받은 일방 당사자가 같은 날 18:00를 58분 경과한 18:58에 그 거래 제의 문에 의한 청약을 아무런 수정 없이 승낙한다는 취지에서 거래제의문의 중 요 부분을 그대로 기재한 상품매매 기본계약서를 타방 당사자에게 교부한 경우, 그 유효기간으로 기재된 18:00는 청약의 효력이 유지되는 최종시점이며, 그 시 각이 경과하면 거래제의문에 의한 청약은 그 효력이 상실

된다고 봄이 신의칙에 합당하다 하여, 청약의 효력이 유효기간 경과 후 58분의 시점까지도 여전히 유 지 되었다고 본 원심판결을 파기한 사례.

나. 법관의 제척원인이 되는 전심관여라 함은 최종변론과 판결의 합의에 관여함을 말하는 것이고, 그 전의 변론이나 증거조사에 관여한 경우는 포함되지 아니한다.

3) 연착된 승낙

승낙기간 내에 도달하지 못한 승낙은 효력이 없지만, 통상의 연착된 승낙의 경우는 청약자가 새로운 청약으로 볼 수 있다(제530조). 사고에 의한 연착의 경우는 청약자가 연착된 승낙을 받고, 이에 대해 지체 없이 승낙자에게 연착의 사실을 통보해야 한다. 이를 게을리 하면 연착되지 않은 것으로 되어 계약이 청약한대로 성립하게 된다. 즉 연착여부를 알 수 없기 때문이다(제528조 제3항).

(4) 계약의 성립시기

1) 대화자간

대화자 간의 계약 성립 시기는 도달주의에 의한다. 즉 승낙의 의사표시가 청약자에게 도달한 때에 성립한다.

2) 격지자간

격지자 간의 계약 성립 시기는 승낙의 통지를 발송한 때에 계약이 성립한다(제531조). 이는 계약의 간편성을 위함이다. 이에 대한 해석상의 문제에 대해 통설은 격지자 간의 계약의 효력은 제531조는 528조 제1항과 제529조의 예외에 대한 것으로 해제조건설의 입장에서 계약의 효력은 승낙의 통지를 발송한 때에 성립하지만 승낙기간 내에 도달하지 않는다면(부도달하면) 소급하여 계약이 성립하지 않은 것으로 된다는 견해이다. 즉 승낙의 부 도달을 해제조건으로 발신한 때에 성립한 것으로 본다는 것이다. 예컨대 갑이 을에게 자신의 토지를 을에게 팔기위해 일정의 금액을 제시하고 2013. 4. 15까지 그 답장을 요구했다. 그러자 이를 받은 을은 승낙의 의사표시를 갑에게 2013. 4. 10일에 발송했다. 그러자 우체국에서 잘못해서 을의 그 승낙의 통지가 갑에게 도착한 것은 2013. 4. 18일에 도착했다. 이때 을은 연착의 통지를 하지 않았다면 언제 그 계약의 성립이 있는 것으로 할 것인가에서 계약의 성립 시기는 2013. 4. 10로 보게 된다는 것이다.

따라서 격지자 간의 계약의 성립 시기는 발신주의에 의해 승낙기간을 정한 일자와는 무관하게 승낙자가 발신한 때에 그 효력이 발생한다.

3. 교차청약의 성립(제533조)

(1) 교차청약에 의한 계약 성립의 의의

당사자 간에 우연히 같은 내용의 청약을 한 경우를 교차청약이라고 한다. 이러한 교차청약의 성립 조건으로는 나음과 같은 몇 가지가 존재해야 한다.

1) 2개의 유효한 청약에 해당하는 의사표시가 있어야 한다.
2) 그 의사표시가 서로 교차해서 존재하고 있어야 한다.
3) 두 개의 청약내용이 주관적, 객관적으로 서로 일치해야 한다.

(2) 성립시기

교차청약은 두 개의 청약만 존재한다. 교차청약은 양청약이 상대방에게 도달한 때에 성립한다. 서로 다른 때에 도달하면 나중에 도달한 청약에 의해서 계약이 성립한다.

4. 의사실현에 의한 계약(제532조)

(1) 의의

청약자의 의사표시나 관습에 의해 승낙의 통지가 불필요한 경우에는 승낙의 의사표시로 인정되는 사실이 있는 때에 계약이 성립한다. 분쟁의 방지와 청약자의 이익을 보호하기 위한 규정이다. 이를 위해서는 다음과 같은 요건을 갖추어야 한다.

(2) 의사실현의 요건

1) 청약자의 의사표시나 관습에 의해 승낙의 통지를 필요로 하지 않아야 한다.
2) 승낙의 의사표시로 인정될 사실이 존재함을 요구한다.

(3) 성립시기

의사실현에 의한 계약은 청약자가 그 사실을 안 때가 아니라, 승낙의 의사표시로 인정되는 사실이 있는 때이다(제532조).

【 관련판례 】 (대판 2005. 12. 23, 2003다30159)

[1] 예금계약의 성립 요건 [2] 피용자의 행위가 사용자나 그에 갈음한 사무 감독자의 사무집행행위에 해당하지 않음을 피해자 자신이 알았거나 중과실로 알지 못한 경우, 사용자책임의 인정 여부(소극) [3] 피해자인 법인의 법률상 대리인이 법인에 대한 관계에서 배임적 대리행위를 하는 경우, 그가 가해자인 피용자의 행위가 사용자의사무집행행위에 해당하지 않음을 안 때에 피해자인 법인이 이를 알았다고 볼 수 있는지 여부(적극) [4] 사용자로부터 위임을 받은 바 없이 행한 피용자의 금원차용행위 및 예금인출행위에 대하여 피해자인 은행의 지점장이 위 피용자의 행위가 사용자의사무집행행위에 해당하지 않음을 알고도

이에 응한 경우, 위 은행은 그로 인한 손해에 대하여 사용자책임을 물을 수 없다고 한 사례 [5] 대표권이 없는 이사의 행위에 대하여도 법인의 불법행위책임이 성립하는지 여부에 대한 사례,

[재판요지]

[1] 예금계약은 예금자가 예금의 의사를 표시하면서 금융기관에 돈을 제공하고 금융기관이 그 의사에 따라 그 돈을 받아 확인을 하면 그로써 성립하며, 금융기관의 직원이 그 받은 돈을 금융기관에 실제로 입금하였는지 여부는 예금계약의 성립에는 아무런 영향을 미치지 아니한다. [2] 피용자의 불법행위가 외관상 사무집행의 범위 내에 속하는 것으로 보이는 경우에도 피용자의 행위가 사용자나 사용자에 갈음하여 그 사무를 감독하는 자의 사무집행행위에 해당하지 않음을 피해자 자신이 알았거나 또는 중대한 과실로 알지 못한 경우에는 사용자 또는 사용자에 갈음하여 그 사무를 감독하는 자에 대하여 사용자책임을 물을 수 없다. [3] 법인이 피해자인 경우 법인의 업무에 관하여 일체의 재판상 또는 재판 외의 행위를 할 권한이 있는 법률상 대리인이 가해자인 피용자의 행위가 사용자의 사무집행행위에 해당하지 않음을 안 때에는 피해자인 법인이 이를 알았다고 보아야 하고, 이러한 법리는 그 법률상 대리인이 본인인 법인에 대한 관계에서 이른바 배임적 대리행위를 하는 경우에도 마찬가지라고 할 것이다. [4] 사용자로부터 위임을 받은 바 없이 행한 피용자의 금원차용행위 및 예금인출행위에 대하여 피해자인 은행의 지점장이 위 피용자의 행위가 사용자의 사무집행행위에 해당하지 않음을 알고도 이에 응한 경우, 위 은행은 그로 인한 손해에 대하여 사용자책임을 물을 수 없다고 한 사례. [5] 민법 제35조에서 말하는 '이사 기타 대표자'는 법인의 대표기관을 의미하는 것이고 대표권이 없는 이사는 법인의 기관이기는 하지만 대표기관은 아니기 때문에 그들의 행위로 인하여 법인의 불법행위가 성립하지 않는다.

5. 계약체결상의 과실

(1) 의의

계약 성립과정에서 당사자의 일방이 책임 있는 사유로 상대방에게 손해를 준 경우를 말한다. 즉 급부의 목적이 원시적 불능이어서 계약이 무효로 되는 경우에, 이를 모르고 계약

을 체결한 상대방이 입은 손해(신뢰이익)에 대해, 일방당사자에게 배상책임을 인정한다. 이는 이행이익을 한도로 한다. 이를 계약체결상의 과실이라고 한다.

(2) 적용

민법은 계약체결상의 과실의 적용을 원시적 불능에 대해서만 적용한다고 규정하고 있다(제535조). 그러나 학설은 확대 주장한다. 즉 민법은 원시적 · 객관적 전부불능으로 무효가 되는 경우에만 계약체결상의 과실을 인정하고 있다. 그러나 학설은 원시적 불능에 한하지 않고 계약체결 준비단계에서 발생하는 체결상의 과실과 계약이 유효한 경우에도 계약체결상의 과실을 적용할 뿐 아니라, 계약이 무효, 취소된 경우에도 인정하자는 확대 인정설을 취하고 있다. 그러나 판례는 엄격하다. 지금까지 계약체결상의 과실 책임을 제535조에서 정하는 것 외에 확대해서 인정 하는 예는 없다. 따라서 판례는 계약의 준비단계나 계약이 유효한 경우 그리고 무효 · 취소 된 경우에 대해서는 판례는 이를 불법행위로 보고 있다(대판 1993. 9. 10, 92다42897).

【 관련된 판례 1 】 (대판 1993. 9. 10, 92다42897) 

학교법인이 사무직원채용통지를 하였다가 채용하지 않은 경우 불법행위책임을 인정한 사례에서,

[재판요지]

학교법인이 원고를 사무직원 채용시험의 최종합격자로 결정하고 그 통지와 아 울러 '1989.5.10.자로 발령하겠으니 제반 구비서류를 5.8.까지 제출하여 달라'는 통지를 하여 원고로 하여금 위 통지에 따라 제반 구비서류를 제출하게 한 후 , 원고의 발령을 지체하고 여러 번 발령을 미루었으며, 그 때문에 원고는 위 학교법인이 1990.5.28. 원고를 직원으로 채용할 수 없다고 통지할 때까지 임용만 기다리면서 다른 일에 종사하지 못한 경우 이러한 결과가 발생한 원인이 위 학교 법인이 자신이 경영하는 대학의 재정 형편, 적정한 직원의 수, 90년도 입학정원의 증감 여부 등 여러 사정을 참작하여 채용할 직원의 수를 헤아리고 그에 따라

적정한 수의 합격자 발표와 직원채용통지를 하여야 하는데도 이를 게을리 하였기 때문이라면 위 학교법인은 불법행위자로서 원고가 위 최종합격자 통지와 계속된 발령 약속을 신뢰하여 직원으로 채용되기를 기대하면서 다른 취지의 기회를 포기함으로써 입은 손해를 배상할 책임이 있다고 했다.

【 관련된 판례 2 】 (대판 1975. 2. 10, 74다584)

가. 신뢰이익 –공사계약의 불성립–

나. 후발적 이행불능의 경우와 전보배상

[재판요지]

가. 임야사용권의 부여가 원시적 불능인 경우와 계약체결상의 과실 : 공사비의 지급에 갈음한 임야사용권 부여가 원시적으로 이행불능이라면 그 공사계약은 유효하게 성립할 수 없다 할 것이니 계약체결상의 과실을 이유로 하는 신뢰이익을 구할 수 있을지언정 그 계약의 후발적 이행불능을 이유로 이행에 대신하는 진보배상을 구할 수 없다.

나. 후발적 이행불능의 경우와 전보배상 : 후발적 이행불능의 경우에 있어서도 이행에 대신하는 진보배상을 명하려면 먼저 이행불능이 된 시기를 확정하고 그 시점을 기준하여 위 임야사용의 시가를 산정하고 이를 표준 하여 그 배상액을 결정함이 마땅하다.

【 관련된 판례 3 】 (대판 2003. 4. 11, 01다53059)

[1] 계약의 성립을 위한 의사표시의 객관적 합치의 정도 [2] 청약의 의사표시의 방법과 내용 [3] 계약교섭의 부당한 중도파기가 불법행위를 구성하는지 여부(적극) [4] 계약교섭의 부당한 중도파기로 인한 손해배상책임의 범위(=신뢰손해) 및 신뢰 손해의 의미 [5] 계약교섭의 부당한 중도파기로 인하여 인격적 법익이 침해된 경우 그 정신적 고통에 대한 별도의 손해배상을 구할 수 있는지 여부에서,

[재판요지]

[1] 계약이 성립하기 위하여서는 당사자의 서로 대립하는 수개의 의사표시의 객관적 합치가 필요하고 객관적 합치가 있다고 하기 위하여서는 당사자의 의사표시에 나타나 있는 사항에 관하여는 모두 일치하고 있어야 하는 한편, 계약 내용의 '중요한 점' 및 계약의 객관적 요소는 아니더라도 특히 당사자가 그것에 중대한 의의를 두고 계약 성립의 요건으로 할 의사를 표시한 때에는 이에 관하여 합치가 있어야 계약이 적법 · 유효하게 성립한다. [2] 계약이 성립하기 위한 법률요건인 청약은 그에 응하는 승낙만 있으면 곧 계약이 성립하는 구체적, 확정적 의사표시여야 하므로, 청약은 계약의 내용을 결정할 수 있을 정도의 사항을 포함시키는 것이 필요하다. [3] 어느 일방이 교섭단계에서 계약이 확실하게 체결되리라는 정당한 기대 내지 신뢰를 부여하여 상대방이 그 신뢰에 따라 행동하였음에도 상당한 이유 없이 계약의 체결을 거부하여 손해를 입혔다면 이는 신의성실의 원칙에 비추어 볼 때 계약자유원칙의 한계를 넘는 위법한 행위로서 불법행위를 구성한다. [4] 계약교섭의 부당한 중도파기가 불법행위를 구성하는 경우 그러한 불법행위로 인한 손해는 일방이 신의에 반하여 상당한 이유 없이 계약교섭을 파기함으로써 계약체결을 신뢰한 상대방이 입게 된 상당인과관계 있는 손해로서 계약이 유효하게 체결된다고 믿었던 것에 의하여 입었던 손해 즉 신뢰손해에 한정된다고 할 것이고, 이러한 신뢰손해란 예컨대, 그 계약의 성립을 기대하고 지출한 계약준비비용과 같이 그러한 신뢰가 없었더라면 통상 지출하지 아니하였을 비용 상당의 손해라고 할 것이며, 아직 계약체결에 관한 확고한 신뢰가 부여되기 이전 상태에서 계약교섭의 당사자가 계약체결이 좌절되더라도 어쩔 수 없다고 생각하고 지출한 비용, 예컨대 경쟁 입찰에 참가하기 위하여 지출한 제안서, 견적서 작성비용 등은 여기에 포함되지 아니한다. [5] 침해행위와 피해법익의 유형에 따라서는 계약교섭의 파기로 인한 불법행위가 인격적 법익을 침해함으로써 상대방에게 정신적 고통을 초래하였다고 인정되는 경우라면 그러한 정신적 고통에 대한 손해에 대하여는 별도로 배상을 구할 수 있다고 했다.

【 최근판례 】 (계약체결과정)

계약체결과정에서 발생한 사고가 불법행위가 되지 않는다고 한 대판 2012.2.9. 2011다14671은 "거래 등의 기초가 되는 정보의 진실성은 스스로 검증하여 거래하는 것이 원칙이므로 정보제공자가 법령상 · 계약상 의무 없이 단지 질의에 응답한 것에 불과한 경우에는 고의로 거짓 정보를 제공하거나 선행행위 등으로 위험을 야기하였다는 등의 특별한 사정이 없는

한 위와 같은 응답행위가 불법행위를 구성한다고 볼 수 없다"고 하였다(甲이 택지개발사업 지구 내 신축건물에서 안마시술소 개설이 가능하다는 한국토지공사 직원 乙의 답변을 듣고 시설공사를 하였으나 관할 행정청에게서 용도변경 불가통보를 받은 사안에서, 건축물 용도 변경에 관한 사항은 관할 행정청의 소관으로 택지개발사업 시행자에 불과한 한국토지공사의 업무라고 볼 수 없으므로 위 답변만으로 한국토지공사가 甲에게 위 건물을 안마시술소로 용도 변경할 수 있음을 보증하였거나 신뢰를 부여한 것으로 볼 수 없을 뿐만 아니라, 乙이 위 건물에 안마시술소를 개설할 수 있는지를 문의 받고 안마시술소 개설이 가능하다고 잘못된 답변을 하였더라도 답변 내용의 정확성에 관한 판단은 최종적으로 甲 스스로 하는 것이므로 특별한 사정이 없는 한 乙이 위 답변에 대하여 불법행위책임을 부담한다고 볼 수 없음에도, 소속 직원이 잘못된 정보를 甲에게 제공한 과실이 있다는 이유로 한국토지공사의 사용자책임을 인정한 원심판결에 법리오해의 위법이 있다고 한 사례).

【 **최근판례** 】 (원시적 불능으로 인한 계약체결상의 과실)

원시적 불능으로 보는 대판 2011.7.28. 2010다1203 · 1210은 박물관을 건립한 甲 주식회사가 乙 주식회사와, 乙 회사가 박물관을 위탁관리하면서 통일전망대와 박물관 입장이 모두 가능한 단일입장권을 발행하여 입장료를 통합 징수한 다음 박물관 입장료에 해당하는 부분에서 박물관 관리 운영비를 공제한 나머지를 甲 회사에 지급하기로 하는 애용의 위탁관리계약을 체결한 사안에서, 통일전망대 입장료는 폐기물관리법 등 관계 법령에 따라 청소비 명목의 압장료를 징수하는 것이지만 박물관의 입장료는 민간 기업이 운영하는 박물관의 입장료로서 법적 성질을 달리하는 점 등에 비추어 통일전망대 입장료를 징수하면서 박물관에 대한 입장료를 통합징수 할 목적으로 단일입장권을 발행하는 것은 계약 당시부터 사실상 · 법률상 불가능한 상태였으므로 위 계약은 원시적으로 불능이어서 무효이고, 乙 회사는 계약체결 당시 그 불능을 알았거나 알 수 있었다고 보아야 하므로 甲 회사에 제535조 제1항에 따라 신뢰이익상당의 손해를 배상하여야 한다고 본 원심판단을 수긍하였다.

(3) 성질

통설은 계약책임으로 구성하고 있고, 소수설은 불법행위책임으로 구성한다. 전자가 타당하다고 본다. 왜냐하면 계약상에 발생된 과실을 불법행위라는 문제로 구성한다는 것은 무리가 있다고 보기 때문이다. 판례는 불법행위 책임으로 본다.

(4) 민법 제535조에 의한 요건

1) 요건

계약체결상의 과실이 되기 위해서는 원시적 · 객관적 전부불능으로 무효여야 한다. 만약 매매나 유상계약에서 내용의 일부가 객관적으로 원시적 불능으로 된 경우에, 그 계약은 유효하게 성립하고 담보책임이 인정된다면 민법 제574조, 제580조가 적용되어 담보책임이 성립될 뿐, 계약체결상의 과실이 적용될 여지가 없다고 하겠다.

따라서 민법 제535조에 의한 계약체결상의 과실이 성립되기 위해서는 다음의 요건이 갖추어야 한다.

① 일방당사자에 의한 고의 또는 과실이 존재해야 한다.
② 상대방은 선의 · 무과실이어야 한다.
③ 계약의 무효로 인해 손해가 발생해야 한다는 등의 조건이 구비되어야 한다.

2) 책임

요건을 갖추게 되면 책임 있는 자는 상대방에게 손해를 배상할 책임이 있다. 이때의 배상은 '신뢰이익'의 배상이다. 신뢰배상이란 목적물에 대한 조사비용, 금융비용, 제3자로부터 유리한 청약을 거절한 경우 등의 손해 등에 대한 비용이다.

'신뢰의 이익'은 이행이익을 넘지 못한다. '이행이익' 이란 계약이 이행 되었더라면 얻었을 이익을 말한다. 이는 목적물의 이용이나 전매로 인한 이익 등이다.

판례는 계약의 원시적 이행불능으로 인한 손해배상의 범위와 후발적 이행불능의 경우에 전보배상의 기준 시기는 이행불능이 된 시기를 말한다.(대판 1975. 2. 10, 74다584). 예컨대 갑이 을로부터 1000만 원짜리 그림을 매수하는 계약을 하고 계약금 금100만원을 을에게 지급했다. 그러나 을은 이미 계약 당시에 그림이 화재로 소실된 상태였기에 계약체결상의 과실에 대한 책임이 있다. 갑이 을에게 배상받을 수 있는 금액은 금100만원이 된다.

3) 계약 체결상의 과실 유형 분류

① 계약체결상의 준비단계

준비단계에서 상대방의 신체 · 재산에 침해를 준 경우에는 불법행위가 성립할 수 있고, 또 불법행위 책임을 묻는 것이 옳다. 계약교섭의 단계에서 당사자 일방이 파기한 경우에는 사안에 따라 계약자유의 차원에서 허용될 수도 있는 경우도 있겠고, 구속력 있는 청약이나 예약을 한 것으로 처리될 수도 있겠으며, 또한 불법행위가 성립될 여지도 있다.

② 계약의 유효

계약이 성립되기 이전에 존재하는 어떤 사실이 계약 일체를 이루고 있다면 전체를 계약책임으로 물을 수 있다.

③ 계약이 무효 · 취소 · 불성립되는 경우

민법 제535조는 목적이 원시적 불능의 경우다. 그래서 계약이 무효가 되면 배상책임을 진다는 것이다. 그러나 어느 누구에게 배상책임을 부과할 수 있는 경우에는 분명히 명문규정이 있어야 한다. 이에 대한 사례를 살펴보기로 한다(대판 1993. 9. 10, 92다42897).

【 **관련판례** 】 (대판 1963. 10. 31, 63다606)

국유하천 부지의 매매가 원시적 이행불능은 아니라는 사례에서,

[재판요지]

국유인 하천부지를 그 점유자가 매도하고 일정한 시기까지 그 소유권이전 등기를 마쳐주

기로 하는 계약을 맺었다 하여도 이를 이른바 원시적 이행 불능에 속하는 내용을 목적으로 한 것이라 볼 수 없다고 했다. 이에 대한 판결의 이유를 살펴본다.

'본건 원피고 사이의 매매계약은 국유인 하천부지의 매매 이므로 사권의 목적물이 될 수 없다. 다시 말하면 하천부지에 대하여 소유권 이전등기를 하기로 약정한 부분의 계약은 실현할 수 없는 사항을 내용으로 한 것이므로 이 부분은 무효이요 따라서 계약전체가 무효라는 것이다(민법제137조) 원심은 비록 본건계약의 목적물이 하천부지라 할지라도 당국의 면허를 받으면 양도할 수 있을 뿐 아니라......하였는데 그 취지는 무엇인지 모르겠다. 하천부지를 사서 양도한다는 취지라면 폐천이 되기 전에는 양도가 될 수 없는 노릇이요 또 점유사용허가권을 양도한 취지로 본다할지라도 이것조차 법률이 허용하지 않는다. 그러므로 본건 매매계약의 내용을 점유사용허가권의 양도를 내용으로 한 취지로 새긴다 할지라도 그것은 불능인 사항을 목적으로 하는 계약이므로 무효인 것이다 이와 같이 본건 이행불능은 원시적 불능에 속하는 것이다 따라서 피고들의 책임으로 돌릴 사유로 인한 이행불능은 아니다 원심은 본건 계약의 이행불능이 누구의 책임 때문에 그렇게 된 것인지를 심리하지 않고 있으니 원심판단에는 심리미진과 판단유탈의 허물이 있다 그러므로 원심이 그 판시 이유에서 '갑제4호증......을 종합하면......하천부지라 하더라도 피고들이 당국의 면허를 받아서 양여 받을 수 있었음이 인정된다고 판시한 것은 판결이유에 모순이 있거나 그렇지 않으면 채증법상에 위법이 있는 셈이 된다. 그리고 본건계약이 하천부지 매매계약이며 원고도 이것을 알고 있었던 사실을 인정하면서 이 계약이 불능이 아니라고 판시한 것은 사실오인의 위법이 있고 법률적용을 그르친 허물을 면하지 못한다.

원심은 그 판시 이유에서 '증인 김순호의 증언......에 의하면 그 이행불능이 되었다는 사실을 인정할 수 있다. 라고 판시하였는데 그 취지는 이미 계약당시에 이행불능 즉 원시적 불능이어서 이행불능의문제가 생길 수 없음에도 불구하고 마치 계약 후에 피고들의 귀책사유로 말미암아 이행불능이 된 것처럼 판단한 것이 되므로 이유에 불비가 있다는 것이다. 원심이 적법하게 확정한 사실에 의하면 1961.10.20 원고는 피고들로부터 그들이 각기 점유하고 있던 국유인 하천부지(서울 영등포구 구로동 소재) 8,213평 및 5,728평을 매수하고 그날 원고는 그 총 대금 16만원중의 일부로서 11만 원을 피고들에게 건넸고, 이 토지에 대한 원고 앞으로의 소유권 이전등기는1961.12.20까지 마치기로 계약한 사실이 명백하다 그렇다면 원피고들 사이에서 맺은 위의 매매계약은 매도인들에게 속하지 않은 권리를 매매하기로 계약한 셈이라 할 것이요 민법제569조 이하에 의하면 이러한 경우(매매의 목적이 된 권리가 타인인 국가에게 속한 경우)에는 매도인은 그 권리를 취득하여 매수인에게 이전하게끔 되어있다 그렇다면 본건에 있어서 당사자들이 국가에 속한다 하여 그 계약이 이른바 원시적 불능에 속하는 내용을 목적으로 한 것이라 고는 볼 수 없는 것이요 따라서 위에서본 상고인들의 원시적 불능을 전제로 하는 논지들은 모두 그 독자적 견해에 지나지 못한다 할 것이다.

본건에 있어서 그 매매의 목적이 되는 토지가 계약당시부터 존재하지 않는 경우라거나 가사 존재한다손 치더라도 매도인이 그 권리를 국가로 부터 취득하는 것이 우리의 경험법칙상 불가능하다고 인정되는 경우라면 몰라도 이러한 사정이 나타나 있지 않은 본건에 있어서는 본건 매매계약이 원시적 불능인 사항을 목적으로 한 것이라고는 단정할 수 없다 논지는 필경 원시적 불능에 관한 법리를 오해한 견해라 할 것이므로 채용할 것이 못 된다 이유 없다.'고 했다.

▶ 원시적 불능에 대한 효력

원시적 · 객관적 전부불능	• 목적물이 원시적으로 멸실된 경우 (계약은 무효) • 계약 체결상의 과실 책임문제 발생(제535조) • 원시적 객관적 일부불능의 경우에는 담보책임문제 발생(제574조)
원시적 · 주관적 전부불능	• 목적물이 원시적으로 타인의 권리에 속한 경우 (계약은 유효) • 권리를 취득하여 이전하여야 하고, 이전할 수 없게 된 때에 담보책임 발생(제570조 참조)

제3절 계약의 효력

✣ 계약의 내용에 따라 발생되는 효력

(1) 계약의 성립상 효력(제535조) - 계약 체결상 과실(신뢰이익의 배상)
(2) 계약의 이행상 효력(제536조) - 동시이행의 항변권
(3) 계약의 존속상 효력(제537, 538조) - 위험부담(급부 또는 대가위험)
(4) 제3자를 위한 계약(제539~542조) - 제3자의 권리취득(요약자, 낙약자, 수익자 관계)

1. 계약의 성립과 효력

계약에서 성립과 그 효력은 구별해야 한다. 계약이 유효하게 성립되어도 그 효력을 발생하려면 법률행위의 일반적인 요건을 갖추어야 하기 때문이다. 즉 당사자가 권리능력, 의사능력, 행위능력이 있어야 하고, 법률행위의 목적인 계약의 내용이 확정성, 가능성, 적법성, 사회적 타당성이 있어야 하고, 의사표시에 하자가 없고, 서로 일치하여야 한다는 것이다.

2. 계약의 일반적 효력

(1) 특질

쌍무계약의 특질은 상호 견련성(상호 의존관계)이 존재해야 한다. 따라서 동시이행항

변권과 위험부담의 문제가 발생한다.

1) 성립상의 견련성이란 쌍무계약에서 일방의 채무가 성립하지 않는다면 타방도 불성립한다는 것이다.

2) 이행상의 견련성을 규율하는 것은 동시이행항변권을 말한다. 이는 명문 규정이 있는 경우와 없는 경우가 있다. 그리고 동시이행 항변권은 유치권과 비교된다. 또한 동시이행항변권은 쌍무계약이 아닌 경우에도 확정 적용되는 경우가 있다.

3) 존속상의 견련성으로 부터 위험부담의 문제가 생긴다. 이는 채무자가 책임 없는 사유로 인해 후발적으로 이행불능이 되어 소멸하게 된 경우에 타방의 채무도 소멸하게 됨으로 인해, 채무자는 상대방의 채무이행을 청구하지 못한다는 것이다(제537조 내지 제538조).

(2) 동시이행항변권(제536조)

동시이행항변권을 유치권과 비교함으로써 그 이해를 쉽게 할 수 있을 것이다. 이를 비교하면 다음과 같다.

▶동시이행항변권과 유치권의 비교

사 항		유 치 권	동시이행의 항변권
본질	근거	공평의 원칙	공평의 원칙
	법적 성질	물권	채권
발생상 차이	발생원인의 차이	쌍무계약에만 한정되지 않는다.	쌍무계약에 기인한 채권이다.

발생상 차이	채권 · 채무 사이의 견련관계	채권과 목적물 사이에 견련관계가 있어야 한다.	채권 · 채무 사이에 일정한 견련관계가 있어야 한다.
효과상 차이	본질적 내용	누구에 대해서나 주장할 수 있다(절대적 효력).	특정채권자에 대해서만 주장할 수 있다(상대적 효력).
	거절할 수 있는 급부 및 시기	특정한 목적물에 대한 인도 거절권으로서, 채무 전액에 대한 면제를 받을 때까지이다(불가분성).	일체의 채무이행을 거절할 수 있으며, 상대방이 이행하거나 제공이 있을 때까지 행사할 수 있다.
	경매권	인정 된다(제222조).	인정되지 않는다.
	소송상의 효력	상환급부판결(=원고일부 승소판결)	
소멸상 차이	권리의 소멸	기본채권이 소멸하면 유치권도 소멸한다.	기본채권이 소멸하면 동시이행의 항변권도 소멸한다.
	기타	점유의 상실(제328조), 선관주의의무위반(324조), 상당한 담보의 제공 (제327조) 등을 이유로 소멸하는 특별한 소멸사유가 있다.	특별한 소멸사유가 없다.

1) 의의

쌍무계약의 당사자는 상대방이 채무이행을 제공할 때까지 자기의 채무이행을 거절할 수 있다. 이는 공평의 이유에 의하고, 신의칙에 부합하기 때문이다. 이에 대해 우리 민법은 영구적인 항변주의가 아닌 연기적 항변주의를 취하고 있다.

2) 성립요건

① 서로 대가적의미의 채무를 부담해야 한다.

동시이행항변권이 성립되기 위해서는 양당사자는 대가적 의무를 부담하고 있어야 한다. 당사자가 변경되는 채권양도나 채무인수 그리고 상속 등에도 동일성의 범위 내에서는 동시이행항변권은 존속한다. 일방의 불이행으로 손해배상이 발생하는 경우에도 동일성이 유지되는 한 동시이행의 항변권은 존재한다. 이와는 달리 채무내용이나 일방당사자가 변경되는 경개가 이루어진다면 동시이행항변권은 소멸한다. 왜냐하면 경개(更改)는 구 채무를 소멸시키고 새로운 채무를 발생시키는 하나의 또 다른 계약의 형태를 이루기 때문에 채권채무의 동일성이 유지된다고 할 수 없기 때문이다.

이와 관련해서 경개는 준소비대차와 구별해야 하고, 화해계약과 유사한 효과가 있다. 이와 관련된 판례를 살펴본다.

【 **관련판례** 】 (대판 1999. 6. 27, 89다카2957)

가. 기존 채권채무의 당사자가 그 목적물을 소비대차의 목적으로 하기로 약정한 경우 그 약정의 해석과의 문제다.

나. 동업탈퇴로 인한 정산금채권을 소비대차의 목적으로 하기로 약정한 경우에 새로 발생한 채권이 상사시효의 적용을 받는다고 본 사례에서,

[재판요지]

가. 경개나 준소비대차는 모두 기존채무를 소멸케 하고 신 채무를 성립시키는 계약인 점에 있어서는 동일하지만 경개에 있어서는 기존채무와 신 채무와의 사이에 동일성이 없는 반면, 준소비대차에 있어서는 원칙적으로 동일성이 인정된다는 점에 차이가 있는 바, 기존채권 채무의 당사자가 그 목적물을 소비대차의 목적으로 할 것을 약정한 경우 그 약정을 경개로 볼 것인가, 또는 준소비대차로 볼 것인가는 일차적으로 당사자의 의사에 의하여 결정되고, 만약 당사자의 의사가 명백하지 않을 때에는 의사해석의 문제이나 특별한 사정이 없는 한 동일성을 상 실 함으로써 채권자가 담보를 잃고 채무자가 항변권을 잃게 되는 것과 같이

스스로 불이익을 초래하는 의사를 표시하였다고는 볼 수 없으므로 일반적으로 준소 비대차로 보아야 한다.

나. 갑과 을이 골재채취 업을 동업하다가 을이 탈퇴하고 갑이 을에게 지급할 정 산금을 소비대차의 목적으로 하기로 약정한 경우 갑은 골재채취를 영업으로 하 는 자이어서 상인이고 이 준소비대차 계약은 상인인 갑이 그 영업을 위하여 한 상행위로 추정함이 상당하므로(이 점은 위 약정을 경개라고 하더라도 마찬가지 이다), 이에 의하여 새로이 발생한 채권은 상사채권으로서 5년의 상사시효의 적용을 받는다.

【 **최근판례** 】 (서로 대가적 의미를 지닌 채무의 존재)

동시이행 항변권에 대해, 대판 2009.7.9. 2009다18526은 "부동산에 관한 매매계약을 체결한 후 매수인 앞으로 소유권이전등기를 마치기 전에 매수인으로부터 그 부동산을 다시 매수한 제3자의 처분금지가처분신청으로 매매목적부동산에 관하여 가처분등기가 이루어진 상태에서 매도인과 매수인 사이의 매매계약이 해제된 경우, 매도인만이 가처분이의 등을 신청할 수 있을 뿐 매수인은 가처분의 당사자가 아니어서 가처분이의 등에 의하여 가처분등기를 말소할 수 있는 법률상의 지위에 있지 않고, 제3자가 한 가처분을 매도인의 매수인에 대한 소유권이전등기의무의 일부이행으로 평가할 수 없어 그 가처분등기를 말소하는 것이 매매계약 해제에 따른 매수인의 원상회복의무에 포함된다고 보기도 어려우므로, 위와 같은 가처분등기의 말소와 매도인의 대금반환의무는 동시이행의 관계에 있다고 할 수 없다"고 하였다.

② 상대의 채무가 변제기에 있어야 한다.

선이행의 의무가 있는 자는 동시이행항변권이 없다(제536조 제1항 단서). 그러나 예외적으로 선이행의무자도 상대의 재산상태가 계약 성립 후에 사정변경 등의 이유로 불안한 지위에 놓이게 된 경우는 동시이행항변권을 인정하고 있다(제536조 제2항). 이를 '불안의 항변권'이라고 한다.

이에 대해서는 판례도 인정하고 있다(대판 1990. 11. 23, 90다카24335). 그리고 선이행의무의 불이행 중에 상대의 채무가 변제기에 도래한 경우에는 선이행의무자에게도 동시이행항변권을 인정한다. 중도금 지체 중에 잔금지급일이 도래하였다면 중도금일 이후 잔금지급일까지의 지체상금과 잔금을 합계한 금액과 소유권이전의무는 동시이행항변권 행사를 인정한 판례도 있다(대판 1991. 3. 27, 90다19937).

【 **관련판례 1** 】 (대판 1990. 11. 23, 90다카24335)

(불안의 항변권)

선이행의무자가 선 이행을 거절할 수 있는 민법 제536조 제2항 소정의 '상대방의 이행이 곤란할 현저한 사유가 있는 때'의 판단기준에 대한 사례다.

[재판요지]

민법 제536조 제2항 소정의 선 이행의무를 지고 있는 당사자가 상대방의 이행이 곤란한 현저한 사유가 있는 때에 자기의 채무이행을 거절할 수 있는 경우란 선 이행의무를 지게 된 채권자가 계약 성립 후 채무자의 신용불안이나 재산상태의 악화 등의 사정으로 반대급부를 이행 받을 수 없는 사 정변경이 생기고 이로 인하여 당초의 계약내용에 따른 선 이행의무를 이행케 하는 것이 공평과 신의칙에 반하게 되는 경우를 말하는 것이고, 이와 같은 사유는 당사자 쌍방의 사정을 종합하여 판단하여야 할 것이다.

【 **관련판례 2** 】 (대판 1991. 3. 27, 90다19930)

(불안의 항변권)

매수인이 선이행하여야 할 중도금지급을 하지 아니한 채 잔대금지급일을 경과 한 경우 매수인의 대금지급채무와 매도인의 소유권이전등기의무와의 관계

[재판요지]

매수인이 선이행하여야 할 중도금지급을 하지 아니한 채 잔대금지급일을 경과 한 경우에는, 매수인의 중도금 및 이에 대한 지급일 다음날부터 잔대금지급일까지의 지연손해금과 잔대금의 지급채무는 매도인의 소유권이전등기의무와 특별한 사정이 없는 한 동시이행관계에 있다.

【 **최근판례** 】 (서로 대가적 의미를 지닌 채무의 존재)

동시이행 항변권에서 대판 2012.3.29. 2011다93025는 "민법 제536조 제2항의 이른바 불안의 항변권을 발생시키는 사유에 관하여 신용불안이나 재산상태 악화와 같이 채권자측에 발생한 객관적 · 일반적 사정만이 이에 해당한다고 제한적으로 해석할 이유가 없다. 특히 상당한 기간에 걸쳐 공사를 수행하는 도급계약에서 일정기간마다 이미 행하여진 공사부분에 대하여 기성공사금 등의 이름으로 그 대가를 지급하기로 약정되어 있는 경우에는, 수급인의 일회적인 급주가 통상 선이행되어야 하는 일반적인 도급계약에서와는 달리 위와 같은 공사대금의 축차적인 지급이 수급인의 장래의 원만한 이행을 보장하는 것으로 전제된 측면도 있다고 할 것이어서, 도급인이 계약 체결 후에 위와 같은 약정을 위반하여 정당한 이유 없이 기성공사금을 지급하지 아니하고 이로 인하여 수급인이 공사를 계속해서 진행하더라도 그 공사내용에 따르는 공사금의 상당부분을 약정대로 지급받을 것을 합리적으로 기대할 수 없게 되어서 수급인으로 하여금 당초의 계약내용에 따른 선이행의무의 이행을 요구하는 것이 공평에 반하게 되었다면, 비록 도급인에게 신용불안 등과 같은 사정이 없다고 하여도 수급인은 민법 제536조 제2항에 의하여 계속공사의무의 이행을 거절할 수 있다"고 하였다.

③ 상대방이 채무의 이행 또는 그 제공을 하지 않고서 이행을 청구를 하였어야 한다. 또한 수령지체자도 동시이행항변권을 행사할 수 있다.

④ 예외적으로, 상대방채무의 변제기가 도래한 경우가 불안한 항변권의 경우에는 이를 인정한다.

3) 동시이행항변권의 효력

① 일반적 효력

동시이행 항변권은 이행거절권능으로서 상대의 채무를 이행할 때까지 자신의 채무이행을 거절하는 효과이지 영원히 자신의 채무를 거절할 수 있는 것은 아니다. 또한 상대방의 이행청구에 대해 주장하지 않으면 상대의 청구권은 그대로 효력을 발생시킨다(판례와 다수설). 이는 원용의 문제다. 즉 법원이 직권으로 판단할 수는 없다는 것이다. 이것이 판례의 입장이다. 그러나 이에 대해 소수설은 주장하지 않아도 이행거절의 효과가 발생한다고 한다(김형배). 동시이행항변권은 채무자가 포기하는 것은 자유이고, 당사자의 약정으로도 포기할 수 있다.

【 관련판례 】 (대판 1968. 3. 21, 67다2444)

공유수면 점용권 명의변경과 양수대금 지급은 동시이행에 대한 판결의 요지와 이유를 살펴본다.

[재판요지]

쌍방계약에 있어서는 당사자 간에 동시이행관계를 배제하기로 약정하는 등 특별한 사정이 없는 한 당사자쌍방의 각 채무는 동시이행관계에 있다. 그 이유에 의하면, '상고이유 2에 내하여, 원판결은 그 이유 설명에서, 피고는 본건 양도 양수 계약의 목적인 공유수면점용권자 명의를 피고 앞으로 1966.음 11.7까지 마쳐주기로 하고, 이와 상환으로 나머지 대가를 지급하기로 약정하였다고 항변하나, 이를 인정할 만한 자료 없다고 판단하여 본건 공유수면 점용권의 양도 양수 계약 잔대금지급과위 점용권의 명의자 변경이 동시이행관계에 있지 아니한 것으로 인정하였다. 그러나 쌍방계약에 있어서는 특별한 사정이 없는 한 당사자 쌍방의 각 채무는 동시이행관계에 있다 할 것이며, 본건 공유수면 점용권 양도양수 댓가중 22가마는 이의 지급을 확보하는 방법으로 피고는 원고에게 갑제1호 증의 보관증을 교부하고, 그 지급기한을 1966. 음 11.7까지로 정한 당사자의 약정이라는 것이 원판결 판단취의인 본건에 있어, 원판결이 채택한 갑제2호 증의 기재 내용에 의하여도 그것만으로는 피고의 본건 공유수면 점용권양도양수 대금지급과 그 명의변경과의 동시이행관계를 배제하기로 한 당사자의 약정이었다고 단정하기 곤란함에도 불구하고 피고의 동시이행항변을 배척한 원판결에는 동시이행에 관한 법리를 오해한 것이 아니면 원피고간의 이에 관한 약정에 대한 심리미진으로 인한 이유 불비의 위법을 가져온 것이라 할 것으로서, 이점에 관한 상고논지는 이유 있고, 원판결 중 단순지급을 명한 부분은 파기를 면치 못할 것이다.'라고 했다.

【 **관련판례** 】 (대판 1975. 10. 21, 75다48)

항변권이 부착되어 있는 채권을 자동채권으로 하는 상계의 허용여부 및 자동채권을 부정하면서 상계항변을 배척하는 것과 자동채권의 성립은 인정하나 성질상 상계를 불허한다고 상계항변을 배척하는 것과의 판결의 효력상 차이에 대해,

[재판요지]

가. 항변권이 부착되어 있는 채권을 자동채권으로 하여 타의 채무와의 상계를 허용한다면 상계가 일방의 의사 표시에 의하여 상대방의 항변권 행사의 기회를 상실케 하는 결과가 되므로 이와 같은 상게는 그 성질상 허 용할 수 없다.

나. 상계항변에게 들고 나온 자동채권을 부정하여 그 항변을 배척하는 것과 그 자동채권의 성립은 인정되나 성질상 상계를 허용할 수 없다 하여 상계항변을 배척하는 것은 얼핏 보아 그 형식면에서는 같을 지라고 전자의 경우엔 기판력이 있어 양자는 판결의 효력에 있어 다른 것이므로 자동채권 의 성립자체에 관하여 이를 부정한 원심의 판단에 위법이 있다면 이는 재판의 결과에 영향이 있다. 이행지체저지효과로서 동시이행항변권이 있다면 채무불이행으로 되지 않고, 이행지체가 되지 않는다. 상계금지효과로서 동시이행항변권이 있는 채권은 이를 자동채권으로 해서 상계할 수 없다(제492조 단서, 대판 1975. 10. 21, 75다48). 그 이유는 상계의 성질상 상계권자의 일방적인 의사에 의해서 상대방의 항변권행사의 기회를 상실시킨다는 것은 공평의 원칙에 반하기 때문이다. 그렇다면 이와 반대의 수동채권으로는 상계할 수 있다는 의미다. 예컨대 매도인은 목적물을 인도할 의무가 있고, 매수인은 대금지급 의무가 있다. 그런데 매도인이 목적물 인도 없이 매수인에 대한 채권을 상계로 주장 못한다. 만약 그러하다면 매매의 취지가 상실된다.

【 **최근판례** 】 (동시이행항변권은 임의규정)

동시이행 항변권은 임의규정이라고 한, 대판 2011.4.28. 2011도3247은 “일정한 신임관계의 도의적 외면에 대한 형사적 징벌을 핵심으로 하는 배임의 관점에서 보면, 부동산매매에서 매수인이 대금을 지급하는 것에 대하여 매도인이 계약상 권리의 만족이라는 이익이 있다고 하여도 대금의 지급은 어디까지나 매수인의 법적 의무로서 행하여지는 것이고, 그 사

무의 처리에 관하여 통상의 계약에서의 이익대립관계를 넘는 신임관계가 당사자 사이에 발생한다고 할 수 없다. 따라서 그 대금의 지급은 당사자 사이의 신임관계에 기하여 매수인에게 위탁된 매도인의 사무가 아니라 애초부터 매수인 자신의 사무라고 할 것이다. 또한 매도인이 대금을 모두 지급받지 못한 상태에서 매수인 앞으로 목적물에 관한 소유권이전등기를 경료 하였다면, 이는 법이 동시이행의 항변권 등으로 마련한 대금수령의 보장을 매도인이 자신의 의사에 기하여 포기한 것으로서, 다른 특별한 사정이 없는 한 대금을 받지 못하는 위험을 스스로 인수한 것으로 평가된다. 그리고 그와 같이 미리 부동산을 이전받은 매수인이 이를 담보로 제공하여 매매대금 지급을 위한 자금을 마련하고 이를 매도인에게 제공함으로써 잔금을 지급하기로 당사자 사이에 약정하였다고 하더라도, 이는 기본적으로 매수인이 매매대금의 재원을 마련하는 방편에 관한 것이고, 그 성실한 이행에 의하여 매도인이 대금을 모두 받게 되는 이익을 얻는다는 것만으로 매수인이 신임관계에 기하여 매도인의 사무를 처리하는 것이 된다고 할 수 없다"고 하였다.

【 **최근판례 1** 】 (예외로 채권자 귀책사유에 의한 경우, 채무자의 이행청구권이 발생)

채권자주의를 취한 대판 2011.3.10. 2010다13282는 "사용자가 근로자들에게 어떠한 해고사유도 존재하지 아니함에도 노동조합활동을 혐오한 나머지, 경영상 어려움 등 명목상 이유를 내세워 사업 자체를 폐지하고 근로자들을 해고함으로써 일거에 노동조합을 와해시키고 조합원 전원을 사업장에서 몰아내고는 다시 기업재개, 개인 기업으로의 이행, 신설회사 설립 등 다양한 방법으로 종전회사와 다를 바 없는 회사를 통하여 여전히 예전의 기업 활동을 계속하는 것은 우리의 건전한 사회통념이나 사회상규상 용인될 수 없는 행위이므로, 이러한 위장폐업에 의한 부당해고는 근로자에 대한 관계에서 불법행위를 구성한다. 따라서 근로자들로서는 위장폐업에 의한 부당해고가 무효임을 이유로 민법 제538조 제1항에 따라 구 회사 내지는 그와 실질적으로 동일성을 유지하고 있는 신설회사에 대하여 계속 근로하였을 경우 그 반대급부로 받을 수 있는 임금의 지급을 구할 수 있음은 물론이고, 아울러 위장폐업에 의한 부당해고가 불법행위에 해당함을 이유로 손해배상을 구할 수 있으며, 그 중 어느 쪽의 청구권이라도 선택적으로 행사할 수 있다"고 하였다.

【 **최근판례 2** 】 (예외로 채권자 귀책사유에 의한 경우, 채무자의 이행청구권이 발생)

채권자의 귀책사유로 인한 경우에는, 대판 2012.9.27. 2010다99279는 "사용자의 근로자에 대한 해고가 무효인 경우 근로자는 근로계약관계가 유효하게 존속함에도 사용자의 귀책사유로 인하여 근로 제공을 하지 못한 셈이 되므로 특별한 사정이 없는 한 민법 제538조 제1항에 의하여 그 기간 중에 근로를 제공하였을 경우에 받을 수 있는 반대급부인 임금의 지급을 청구할 수 있다. 다만 해고가 없었다고 하더라도 취업이 사실상 불가능한 상태가 발생한 경우라든가 사용자가 정당한 사유에 의하여 사업을 폐지한 경우에는 사용자의 귀책사유로 인하여 근로 제공을 못한 것이 아니므로 그 기간 중에는 임금을 청구할 수 없다. 한편 쟁의행위로 인한 무노동은 쟁의행위가 적법하게 진행되는 경우라도 이를 사용자의 귀책사유로 인한 것이라고 할 수는 없고, 다른 특별한 사정이 없는 한 사용자는 쟁의행위에 참가하여 근로를 제공하지 아니한 근로자에 대하여는 그 기간 중의 임금을 지급할 의무가 없다(노동조합 및 노동관계조정법 제44조 제1항 참조). 이를 종합하여 볼 때, 해고된 근로자가 그 후 쟁의행위에 참가하였거나 쟁의행위 중 해고가 된 경우에 그 해고가 무효라고 하더라도 만일 해당 근로자가 해고가 없었어도 쟁의행위에 참가하여 근로를 제공하지 않았을 것임이 명백한 경우라면 이 역시 취업이 사실상 불가능한 상태가 발생한 경우에 준하여 해당 근로자는 쟁의행위기간 중의 임금을 청구할 수 없다고 봄이 타당하다. 다만 해당 근로자에 대한 무효인 해고가 직접적 원인이 되어 쟁의행위가 발생한 경우 등 쟁의행위기간 중 근로를 제공하지 못한 것 역시 사용자에게 귀책사유가 있다고 볼 수 있는 특별한 사정이 있는 경우에는 여전히 임금청구를 할 수 있다고 보아야 한다. 그리고 위와 같은 경우 해고가 없었다고 하더라도 쟁의행위에 참가하여 근로를 제공하지 않았을 것임이 명백한 지는 쟁의행위에 이른 경위 및 원인, 해고사유와의 관계, 해당 근로자의 파업에서의 지위 및 역할, 실제 이루어진 쟁의행위에 참가한 근로자의 수 및 이로 인해 중단된 조업의 정도, 해당 근로자에 대한 해고사유와 이전 근무태도 등 제반 사정을 참작하여 신중하게 판단하여야 하고, 그 증명책임은 사용자에게 있다. 또한 해당 근로자가 쟁의행위에 참가하였을 것임이 명백한 경우에도 쟁의행위기간 중의 임금지급에 관한 단체협약이나 취업규칙의 규정 또는 관행의 유무, 쟁의행위에 참가한 다른 근로자에게 임금이 지급되었는지 여부 및 그 지급범위 등에 따라 사용자에게 임금을 지급할 의무가 있는지를 판단하여야 한다."고 하였다.

② 소송상의 효력

동시이행항변권의 행사에 대해 법원은 상환급부의 판결인 원고일부승소의 판결을 해야 한다는 것은 통설 · 판례의 입장이다(대판 1979. 10. 10, 79다1528).

③ 적용범위

동시이행항변권은 확장 적용된다. 즉 명문에 규정된 경우와 학설과 판례가 인정하는 경우, 그리고 비 쌍무계약에서도 확장해서 인정되는 경우로 나누고 있다.

【 최근판례 】 (확장 적용) 

동시이행항변권을 확장적용 한, 대판 2010.7.29. 2009다69692는 "어음상 권리가 시효완성으로 소멸하여 채무자에게 이중지급의 위험이 없고 채무자가 다른 어음상 채무자에 대하여 권리를 행사할 수도 없는 경우에는 채권자의 원인채권 행사에 대하여 채무자에게 어음상환의 동시이행항변을 인정할 필요가 없으므로 결국 채무자의 동시이행항변권은 부인 된다"고 하였다.

㉠ 현행법이 명문으로 규정하고 있는 동시이행항변권

i) 전세권소멸로 인한 전세금과 목적물 인도(제317조)

ii) 계약해제로 인한 원상회복 의무(제549조)

iii) 매도인의 담보책임(제583조)

iv) 부담부 증여(제561조)

v) 가등기 담보의 실행에 따른 청산(가등기 담보법 제4조 제3항)

㉡ 학설 · 판례가 인정하는 동시이행항변권

i) 변제와 영수증교부(통설)

ii) 계약이 무효 또는 취소된 경우의 매수인의 소유권이전등기말소의무와 매매대금

반환의무(대판 1976. 4. 27, 75다1241: 대판 1996. 6. 14, 95다54693).

iii) 변제와 어음수표반환(대판 1993. 11. 9, 93다11203 11203)

iv) 임대차기간만료와 보증금반환과 목적물반환의무(대판 1977. 9. 28, 77다1241)

【 관련판례 】 [대판(전) 1977. 9. 28, 77다1241]

임차인의 목적물 반환의무와 임대인의 보증금 반환의무

[재판요지]

임대차계약의 기간이 만료된 경우에 임차인이 임차목적물을 명도 할 의무 무와 임대인이 보증금중 연체차임 등 당해 임대차에 관하여 명도 시까지 생 긴 모든 채무를 청산한 나머지를 반환할 의무는 모두 이행기에 도달하고 이들 의무상호 간에는 동시이행의 관계가 있다고 보는 것이 상당하다.

(3) 위험부담

1) 의의

위험부담은 쌍무계약에서 상호 대가적 채무를 부담하는 경우에 일방의 채무가 채무자의 책임 없는 사유로 이행불능이 되어 소멸하는 경우에, 그에 대응하는 타방의 채무를 존재시킬 것인가 아니면 소멸시킬 것인가의 문제다. 우리 민법에서는 채무자 위험부담주의를 취하고 있는 이유로, 이러한 경우 채무자는 상대에게 채무의 이행을 주장하지 못한다고 규정하고 있다(제537조). 예컨대 갑은 자신의 소유 건물인 부동산을 을에게 금10억 원에 매도하는 매매계약을 체결하고, 그에 따른 계약금을 1억 원을 받았다. 그 후 갑이나 을의 과실 없이 위 매매목적물이 화재로 인해 소실되었다. 그렇다면 갑은 을을 상대로 매매대금의 나머지 잔금에 대해 지급청구를 할 수가 있느냐의 문제다. 우리 민법은 채무자 부담주의를 취하고 있기에 갑은 을에게 매매대금의 잔금을 지급하라는 청구를 할 수 없게 된다는 것이 위험부담의 문제다. 이때 계약금 반환 내지 배상문제는 위약금약정 등의 특약 여부에 따라 해결된다. 이와 관련판례는 경매목적물의 일부가 멸실된 경우에 위험부담을 인정한다(대결 2004. 12. 24, 2003마1665).

2) 채무자 위험부담주의의 원칙(제537조)

쌍무계약에서 계약 후에 발생한 채무의 이행이 전부 불능으로 된 경우와 일부 불능으로 된 경우를 나누어서 규정하고 있다.

① 전부불능

쌍무계약을 체결한 이후에 당사자 일방의 책임 없는 사유로 이행이 불능으로 된 경우에 채무자는 자신의 채무를 면하게 되고 동시에 상대에 대한 반대급부를 청구할 수 없게 된다. 이때 상대방으로부터 반대급부를 이행 받았다면 이를 반환해야 한다.

② 일부불능

일부불능의 경우는 원칙적으로 계약의 목적을 달성할 수 없는 경우가 아니면 발생한 불능의 범위 내에서 청구권이 없다. 즉 부동산매매에서 계약 후에 목적물의 일부가 쌍방의 과실 없이 멸실 기타의 사유로 사용 수익이 제한 된 경우에, 매도인인 채무자는 불능의 범위 내에서 목적물 인도의무를 면하고, 매수인인 채권자에게는 그에 해당하는 반대급부의 이행을 청구하지 못한다.

3) 귀책사유로 인한 이행불능의 경우는 채권자주의의 규정(제538조)

① 이행불능이 채권자의 귀책사유인 경우는 채무자는 채권자에 대해 반대급부를 청구할 수 있다. 가령 매매계약에서 매수인의 과실로 화재가 발생 소실된 경우에는 채무자는 그 매매대금을 매수인에게 청구할 수 있게 된다(제538조 제1항 단서). 또한 부동산 중개가 성사된 후에 당사자 간에 합의로 계약을 성사시킨 경우에도 중개인은 중개수수료를

청구할 수 있다.

【 채무자의 책임 있는 사유로 인한 위험부담의 관련판례 】 (대판2011. 1. 27, 2010다25698)

아파트 수분양자에게 중도금을 대출한 은행이 연대보증인의 재산에 경매 실행하여 제3자가 위 아파트의 소유권을 취득함으로 인해 아파트 이전이 불능으로 된 사안에서, 판결은 위 대출금 등을 이행하지 않은 채권자인 수분양자의 귀책사유로 인한 것이므로, 제538조 제1항 제1문의 채권자의 책임 있는 사유로 인하여 채무자의 채무가 이행할 수 없게 된 때에 해당한다고 했다.

② 채권자가 급부의 수령을 지체하는 과정에서 이행불능이 된 경우에도 채무자는 채권자에 대해 반대급부를 청구할 수 있게 된다(제538조 제1항 후단).

4) 위험부담의 적용범위

위험부담의 문제는 쌍무계약에서 발생하고, 반드시 계약체결 후에 발생한 이행불능이라야 된다. 계약체결 이전에 발생된 이행불능의 문제는 원시적 불능의 문제로 귀결된다. 원시적 불능은 계약체결상의 문제이다. 원시적 불능에서 과실 있는 당사자는 신뢰이익의 배상책임이 있다. 그리고 위험부담의 문제가 되기 위해서는 계약 후에 채무자의 책임 없는 사유로 발생됨을 요구한다. 채무자의 책임에 의한 경우는 채무불이행의 경우로서 이행불능의 손해배상책임을 진다.

5) 채무자 위험부담주의의 요건을 간단하게 정리하면,

① 쌍무계약으로부터 채무가 존재해야 한다.

② 당사자 쌍방의 귀책사유 없이 불능으로 되어야 한다.

③ 당사자 일방의 채무가 이행되지 않은 상태여야 한다.

▶ 원시적 불능과 후발적 불능

(1) 원시적 불능

– 불가항력인 경우

① 일부불능 유상계약 – 담보책임의 문제

무상계약 – 채권자위험(급부)부담

② 전부불능 – 무효(급부–채권자, 대가–채무자위험 부담)

③ 귀책사유 있는 경우 – 계약 체결상 과실 책임 문제

(2) 후발적 불능

① 불가항력인 경우 – 위험부담의 문제

② 귀책사유 있는 경우 – 채무불이행 또한 위험부담 문제

(4) 제3자를 위한 계약

▶ 제3자를 위한 계약의 형태

(1) 계약의 구성관계

① 계약당사자 – 요약자와 낙약자

② 수익자 – 제3자(수익의 의사표시)

(2) 출연관계

① 요약자와 낙약자 – 대가관계(계약에의 영향)

② 요약자와 수익자 – 보상관계(계약에의 무영향)

(3) 계약의 효력

① 요약자 · 낙약자 – 계약의 소멸 · 변경금지(계약의 구속)

② 낙약자 · 수익자 – 낙약자의 계약내용 이행의무

③ 요약자 · 낙약자 – 요약자의 대가관계 이행의무

1) 의의

제3자를 위한 계약은 쌍무계약에서 당사자 일방이 제3자에게 이행할 것을 약정하는 것을 말한다(제539조 제1항). 이 계약에는 제3자에게 권리를 취득시킨다는 내용의 조항이 삽입한 것이 특징이다. 예컨대 타인을 위한 보험(상법 제639조)은 제3자를 위한 계약에 해당한다. 또한 물건을 제3자에게 배달해 달라는 택배계약도 마찬가지다. 이 계약은 보상관계(요약자와 수익자 간의 관계)와 대가관계(요약자와 낙약자 간의 관계)가 구분되어 있다. 그리고 제3자는 계약의 당사자가 아니다. 그래서 계약에 문제가 발생할 경우에도 해제권이나 해지권이 없다. 즉 낙약자에게 채무불이행이 발생한 경우에도 요약자가 해제권을 행사하여 원상회복의 청구권을 갖게 된다. 그러나 낙약자의 채무불이행이 있게 되면 수익자는 손해배상청구권을 행사할 수 있을 뿐이다. 왜냐하면 제3자를 위한 계약에서 이러한 계약의 당사자는 요약자와 낙약자이지 제3자는 당사자가 아니기 때문이다.

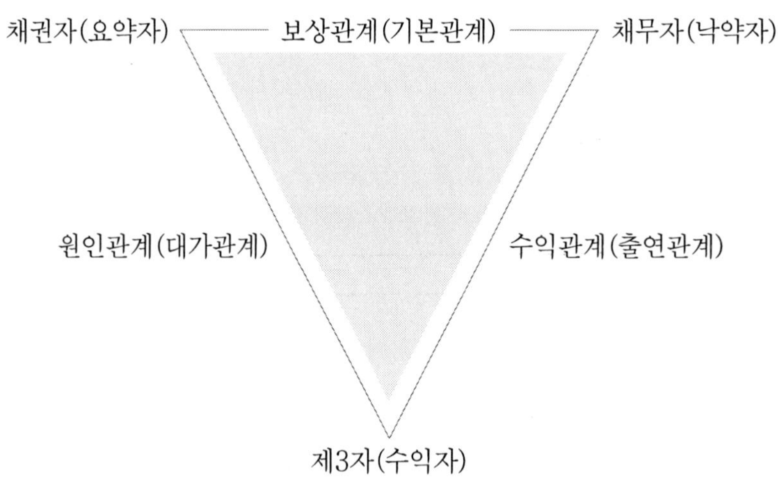

2) 성립요건

① 계약의 당사자인 요약자와 낙약자 간에는 유효한 계약이 성립해야 한다.

요약자와 낙약자는 상호 보상관계이다. 수익자는 이 요약자와 낙약자 간의 계약이 무효나 취소사유가 되어 선의의 제3자에게 대항할 수 없는 경우(제107조, 제110조)에도 수익자는 선의의 제3자로서 보호받지 못한다. 수익자는 요약자와 낙약자의 계약을 기초로 새로운 이해관계를 가진 자가 아니기 때문이다. 즉 수익자는 어느 누구와의 계약에 의해서 취득자가 된 것이 아니기 때문이다. 또한 요약자와 제3자 사이의 대가관계도 계약의 성립과는 관계가 없다.

② '제3자 약관'이 반드시 있어야 한다.

수익자에게 직접 권리를 취득한다는 사항이 계약에 포함되어 있어야 한다. 즉 당사자의 의사가 그 계약에 의해서 제3자 약관의 내용에 따라 제3자를 위한 계약인지를 구분한다고 한다(대판 1996. 1. 26, 94다54481). 제3자의 경우는 현존하거나 특정되지 않아도 되고, 설립중인 법인의 경우도 된다(대판 1960. 7. 21, 4292민상773).

【 관련판례 】 (대판 1996. 1. 26, 94나54481)

(제3자를 위한 계약의 의의 및 그 판별 기준)

[재판요지]

제3자를 위한 계약이라 함은 통상의 계약이 그 효력을 당사자 사이에서만 발생시킬 의사로 체결되는 것과는 달리 계약 당사자가 자기 명의로 체결한 계약에 의하여 제3자로 하여금 직접 계약 당사자의 일방에 대하여 권리를 취득하게 하는 것을 목적으로 하는 계약인바, 어떤 계약이 제3자를 위한 계약에 해당하는지 여부는 당사자의 의사가 그 계약에 의하여 제3자에게 직접 권리를 취득하게 하려는 것인지에 관한 의사 해석의 문제로서, 이는 계약 체결의 목적, 계약에 있어서의 당사자의 행위의 성질, 계약으로 인하여 당사자 사이 또는 당사자와 제 3자 사이에 생기는 이해득실, 거래 관행, 제3자를 위한 계약 제도가 갖는 사회적 기능 등 제반 사정을 종합하여 계약 당사자의 합리적 의사를 해석함으로써 판별할 수 있다.

【 관련판례 】 (대판 1960. 7. 21, 4292민상773)

(출연재산의 귀속시기에 대해)

[재판요지]

재단법인의 설립준비중 제3자가 그 설립자에 대하여 장차 설립될 동 법인에 설립을 조건으로 하고 동 법인에 무상으로 재산 출연할 것을 약정 하였다던가 동 법인을 수익자로 하는 제3자를 위한 재산 출연에 관한 계약을 하였을 경우에는 그 각 재산이 동 법인의 기부행위에 기재되지 아니하였다 할지라도 동 법인은 전자에 있어서는 그 설립과 동시에 당연히, 후자에 있어서는 설립 후의 수익의 의사표시에 의하여 동 재산상의 권리를 취득하게 된다.

③ 제3자가 취득할 수 있는 것은 권리이다.

이러한 권리의 종류에는 권리에는 채권이 대부분이지만(제539조 제1항 참조), 물권도 가능하다는 것이 통설의 입장이다. 이와 관련해서 제3자를 위한 채무면제계약도 제3자를 위한 계약에 준한다. 다만, 제3자를 위한 계약을 하면서 제3자에게 의무를 지우는 계약은 무효이다. 이러한 경우도 통설은 수익자가 동의하면 유효하다고 본다.

3) 제3자에 대한 효력

제3자가 권리를 취득하는 방법은 명시적으로나 묵시적으로도 가능하다. 즉 제3자가 낙약자에 대해 직접 수익의 의사표시를 함으로써 권리를 취득한다(제539조). 이는 제3자의 권리의 발생요건일 뿐 성립요건은 아니다. 제3자의 수익의 의사표시는 형성권으로서 의사표시 이전에는 10년간의 제척기간에 걸린다. 이를 위해 낙약자는 수익자에게 상당한 기간을 정하여 이익의 향수 여부를 제3자에게 최고할 수 있고, 낙약자가 그 기간 내에 확답을 받지 못한다면 제3자가 수익을 거절한 것으로 본다(제540조). 이때의 확답은 도달주의에 의해 최고의 통지가 제3자에 도달한 때에 거절한 것으로 본다.

제3자가 수익의 의사표시를 한 이후에는 제3자가 계약당사자의 지위를 변경 또는 소멸시키지 못한다(제541조). 그러나 계약당사자 간에 미리 제3자의 권리가 발생한 이후에도 제3자의 권리에 대한 변경이나 소멸시킬 수 있음을 보유한 때에는 그 제한을 받는다는 것이 통설이다.

4) 요약자 및 낙약자에 대한 효력

요약자는 낙약자에 대해 제3자에게 채무를 이행할 것을 청구할 수 있다. 그리고 계약의 당사자로서 해제권 · 취소권 및 낙약자의 상대방으로서 선의 · 악의 · 과실 · 무과실 등의 결정표준이 된다.

낙약자는 계약의 당사자로서 계약 내용에 따라 제3자에게 채무를 이행할 의무를 갖는다. 그리고 제3자에 대해 상당한 기간을 정해서 계약 내용에 따른 수익의 여부를 상당한 기간 내에 확답해 줄 것을 최고할 수 있고, 확답이 없다면 이익을 거절한 것으로 본다.

5) 제3자를 위한 계약은 보통의 대립하는 계약이 아니다. 즉 제3자는 계약의 당사자가 아니고, 제3자를 위한 약관이 계약 내용에 삽입되어 있을 뿐이다. 그리고 제3자 약관에 따라 낙약자에게 급부이행을 청구할 수 있는 권리를 갖는다.

【 **관련판례** 】 (대판 1994. 8. 12, 92다41559)

가. 난지도 쓰레기처리장 건설공사가 완공된 후 도급계약이 해제된 경우, 해제의 효력이 기계, 전기공사부분에 한하여 미치고 토목, 건축공사부분에는 미치지 않는다고 본 사례

나. 대한민국과 건설회사 사이에 체결된 난지도 쓰레기처리장 건설공사계약이 서울특별시를 수익자로 하는 제3자를 위한 계약이라고 본 사례

다. 제3자를 위한 계약에 있어서 수익자의 계약해제권 또는 해제를 원인으로 한 원상회복청구권의 유무

라. 제3자를 위한 계약이 해제된 경우 수익자의 손해배상청구권의 유무

마. 설계시공일괄입찰(Turn-Key Base) 방식에 의한 공사도급계약에 있어서의 수급인의 의무

[재판요지]

가. 난지도 쓰레기처리장 건설공사가 완공된 후 도급계약이 해제된 경우, 토 목, 건축공사

의 기성고부분에 대하여도 계약의 해제를 인정한다면 수급인에게 과대한 손실을 주게 될 뿐만 아니라, 해제의 결과 원상회복을 하게 되면 사회 · 경제적 손실도 크므로, 민법 제668조 단서 규정의 취지나 신의칙에 비추어 도급계약해제의 효력은 기계, 전기공사부분에 한하여 미칠 뿐이고, 토목, 건축공사의 기성고부분에 대하여는 미치지 아니한다고 본 사례.

나. 대한민국이 서울특별시를 위하여 건설회사와의 사이에 난지도 쓰레기처리 장 건설공사계약을 체결한 이상, 그 계약의 당사자는 대한민국과 건설회사이고 서울특별시는 위 계약상의 수익자이며, 난지도 쓰레기처리시설의 건설이 서울특별시의 사업으로서 그 기본계획의 입안, 부지의 선정 및 제공, 입찰안내서의 작 성, 공사비의 지출, 관리비의 지출 등 계약체결을 제외한 모든 것이 실질적으로 서울특별시에 의하여 이루어졌을 뿐 아니라, 완성된 시설 또한 서울특별시에 귀속 된다고 하여 서울특별시가 쓰레기 처리장 건설공사계약의 당사자가 되는 것은 아니라고 본 사례.

다. 제3자를 위한 계약의 당사자가 아닌 수익자는 계약의 해제권이나 해제를 원인으로 한 원상회복청구권이 있다고 볼 수 없다.

라. 제3자를 위한 계약에 있어서 수익의 의사표시를 한 수익자는 낙약자에게 직접 그 이행을 청구할 수 있을 뿐만 아니라, 요약자가 계약을 해제한 경우에는 낙약자에게 자기가 입은 손해의 배상을 청구할 수 있는 것이므로, 수익자가 완 성된 목적물의 하자로 인하여 손해를 입었다면, 수급인은 그 손해를 배상할 의무가 있다.

마. 대한민국과 건설회사 사이에 체결된 난지도 쓰레기처리장 건설공사계약은 이른바 설계시공일괄입찰(Turn-Key Base) 방식에 의한 것으로서 비록 도급인인 대한민국이 쓰레기처리장의 입지, 규모, 처리공정의 골격과 처리설비의 최소한 의 기능 등 공사 전반의 기본적 사항을 결정하여 제시하고 공사실시도면에 관하여 행정상 필요한 승인을 하였다고 하더라도, 설계시공일괄입찰 방식의 계약에 있어서의 수급인인 건설회사는 도급인이 의욕 하는 공사목적물의 설치목적을 이 해한 후 그 설치목적에 맞는 설계 도서를 작성한 뒤 이를 토대로 스스로 공사를 시행하고 그 성능을 보장하여 결과적으로 도급인이 의욕한 공사목적을 이루게 하여야 하는 것이다.

【 **최근판례** 】 (수익자의 수익의 의사표시이후)

수익자가 수익의 의사표시를 한 이후에, 대판 2010.12.23. 2010다45753은 전기통신서비스 이용료채무에 관하여 채무자인 보험계약자가 채권자를 피보험자로 하여 보증보험회사와

체결한 이행보증보험계약의 추가위험부담특별약관 중 '보험계약의 보험기간 안에 연이어 갱신보험계약이 체결된 경우에는 갱신보험계약 직전 보험계약에 대한 보험회사의 보험책임은 종료하며, 갱신보험계약의 보험기간 개시 전에 발생한 채무에 대하여는 갱신보험계약의 보험가입금액을 한도로 보상한다.'는 내용의 갱신특약은, 보험계약자와 보험회사 사이에 갱신계약이 체결되었다는 이유만으로 피보험자의 동의 없이 곧바로 이행보증보험계약이 해지되도록 하여 종전 이행보증보험계약에 의한 보험자의 보험금 지급책임을 면하도록 함과 아울러 피보험자가 기존의 이행보증보험계약에 의해 보상받을 수 있었던 보험금청구권을 모두 소멸시키는 것이어서 상법 제649조 제1항, 제663조 및 민법 제541조 등의 규정에 위배되어 무효이고, 이와 같이 위 갱신특약이 무효인 이상 기존 이행보증보험계약 체결 당시부터 위 특약이 계약내용에 편입되어있었다거나 갱신보험계약에서 피보험자의 동의 없이 임의로 위와 같은 취지의 약정을 하였다고 하여 달리 볼 수도 없다고 하였다.

3. 계약의 해제 및 해지

▶ 계약의 해제와 취소

법률 관계	직접 효과설에 의할 경우 해제권과 취소권은 권리자의 일방적 의사표시에 의하여 법률행위의 효력을 소급적으로 소멸시킨다는 점에서 양자가 동일하다고 한다. 그러나 청산 관계설에 따르면 해제권행사의 효과는 원래의 채권관계와 동일성을 유지한 채 그 내용상의 변용이 있다고 이해하기 때문에 취소와는 달리 소급효가 인정되지 않음으로써 이 점에서 취소와는 구별된다.
적용 범위	취소는 모든 법률행위에 인정되나, 해제는 계약에서만 인정된다.
발생 사유	취소권의 발생사유는 무능력 · 착오 · 의사표시의 하자 등에 의한 법률의 규규정에 한하지만, 해제권은 법률이 규정 이외에 당사자의 약정에 의할 수도 있다.

반환 범위	반환범위에 있어서 취소의 경우는 부당이득반환범위(제748조, 제141조 단서)에 따르지만, 해제에서는 원상회복하여야 한다(제548조).
손해 배상 청구권	채무불이행에 의한 손해배상청구권은 취소의 경우에는 이와 양립할 수 없지만, 해제의 경우에는 손해배상청구권과 양립할 수 있다(제551조).

당사자 간의 유효하게 성립되고 있는 계약을 권리자의 일방적인 의사표시에 의해 법률관계의 발생 · 변경 · 소멸 등의 변동을 일으키게 하는 권리가 형성권이다. 이 형성권에는 해제권과 해지권 그리고 취소권이 있다. 이 중에서 소급효가 있는 해제권과 취소권 그리고 장래에 향하여 그 효력을 소멸케 하는 해지권이 있다. 여기서는 계약의 해제와 해지에 대해 살펴본다.

(1) 성질

해제권은 형성권이다. 해제권자는 계약 당사자 또는 당사자의 지위를 승계한 자만이 할 수 있고, 해제권만의 승계는 허용하지 않는다. 해제권의 종류에는 법정해제와 약정해제가 있다.

(2) 구별

당사자가 계약해소의 합의를 위해 계약의 효력을 소멸시킨다. 해제계약은 해제와 다르다. 즉 해제계약은 계약이고, 해제권 행사에 의한 해제는 단독행위이다. 이와 구별할 문제는 취소권이다. 취소는 모든 법률행위에 인정된다. 취소의 발생사유는 무능력 · 사기 · 강박 · 착오 등이다. 이는 법률에 규정하고 있다. 그러나 해제는 계약에만 인정된다. 해제에는 약정해제와 법정해제가 있다. 양자는 소급적으로 법률행위가 없었던 것으로 된다. 그러나 해지는 소급효가 없고, 계속적인 법률관계에서 장래에 향하여 계약관계를 종료시키는 권리로서 원상회복의 의무가 없다. 대신 해지에는 종래의 관계를 정리하는 청산의무가 있을 뿐이다.

▶ 약정해제와 법정해제의 비교

	약정해제	법정해제
해제권발생	당사자 간의 약정	① 채무불이행사유로 발생 – 이행지체, 이행불능, 불완전 이행 – 채권자 지체로 발생(통설) ② 사정변경에 의한 발생(판례는 否)
해제권적용	광의의 계약에 적용	채권계약에만 적용
해제권행사	① 일방 쌍방을 위한 행사 ② 조건 · 기한부과 가능	① 일방(채권자)만이 행사 ② 조건 · 기한부과 금지
해제효과	① 원상회복의무만 발생 ② 손해배상청구권은 채무불이행으로 인한 일반손해배상	원상회복의무와 손해배상청구권의 발생

(3) 해제권의 발생

1) 약정해제권의 발생

약정해제권의 유보나 위약벌에 관한 특약이 채무불이행으로 인한 법정해제권을 배제하지 않는다(대판 1990. 3. 27, 89다카14110). 따라서 약정해제권은 채무불이행에 의해 발생하는 법정해제권과는 무관하다.

① 당사자의 계약에 의해 발생하고 당사자 간에 미리 해제권을 보류한 경우이다.

② 당사자 간의 특약이 없으면 행사방법이나 효과 그리고 소멸 등에 대해서는 법정해제권이 적용된다.

③ 민법 제551조에 의한 손해배상의 청구는 약정해제권에는 적용이 없다. 이는 채무불이행을 이유로 하는 것이기 때문이다.

【 **관련판례** 】 (대판 1990. 3. 27, 89다카14110)

가. 약정해제권의 유보 또는 위약벌에 관한 특약이 채무불이행으로 인한 법정해제권을 배제하는지 여부(소극)

나. 기존채무의 변제를 위하여 교부된 약속어음에 관하여 강제집행 수락의 공정증서가 작성되거나 어음금지급판결이 확정된 경우 채무의 이행이 있는 것으로 볼 수 있는지 여부(소극)

다. 계약해제의 전제요건인 이행최고에 반드시 일정한 기간을 명시하여야 하는지 여부(소극)

[재판요지]

가. 계약서에 명문으로 위약시의 법정해제권의 포기 또는 배제를 규정하지 않은 이상 계약 당사자 중 어느 일방에 대한 약정해제권의 유보 또는 위약벌에 관 한 특약의 유무 등은 채무불이행으로 인한 법정해제권의 성질에 아무런 영향을 미칠 수 없다.

나. 기존채무의 변제를 위하여 약속어음을 교부한 경우에 당사자 사이에 특별 한 의사표시가 없으면 기존채무의 변제를 확보하거나 또는 그 지급방법으로 이를 교부한 것으로 추정되는데 불과하므로 그 약속어음에 관하여 강제집행수락의 공정증서가 작성되어 있다거나 어음금청구소송의 승소판결이 확정된 바 있다는 사유만으로는 기존채무의 이행이 있은 것으로 볼 수 없다.

다. 채무의 이행지체를 이유로 하는 계약해제에 있어서 그 전제요건인 이행 최고는 반드시 미리 일정한 기간을 명시하여 최고하여야 하는 것은 아니고 최고한 때로부터 상당한 기간이 경과하면 해제권이 발생한다고 볼 것이다. 고 했다.

2) 법정해제권의 발생

법률의 규정에 의해서 발생하는 법정해제권은 채무불이행의 형태에 따라 그 발생요건이 각각 다르다. 채무불이행에는 이행지체, 이행불능, 불완전이행, 수령지체, 그리고 사정변경, 부수적 채무불이행으로 인한 법정해제권 등의 발생이 있다. 이를 차례로 살펴본다.

① 이행지체로 인한 발생(제544조)－부정기행위의 채무에서 발생

이행을 지체할 경우에는 상대방은 상당한 기간을 정하여 그 이행을 최고하고, 그 기간 내에 이행이 없으면 해제권이 발생한다(제544조 본문). 일방당사자가 그의 채무를 지체하고 있는 때란 채무자의 귀책사유로 인한 이행지체의 경우에만 해제권이 발생한다고 하겠다. 최고기간을 정하지 않거나, 상당한 기간에 해당하지 않는 경우라 할지라도 최고로서의 효력은 있다. 다만 상당한 기간이 경과한 후라야 해제권이 발생한다. 상대방이 미리 이행을 거절한 경우에는 최고 없이 해제권이 발생한다(제544조 단서).

② 이행불능으로 인한 발생(제545조)－정기행위의 채무

일정한 기간 내에 이행하지 않으면 계약의 목적을 달성할 수 없는 계약이 정기행위이다. 따라서 정기행위에 있어서 채무불이행이 있으면 즉시 해제권이 발생하며 최고를 요하지 않는다. 이때 이행불능이 채무자의 책임 있는 사유에 의해야 한다. 원칙적으로 이행불능의 경우는 최고를 요하지 않는다.

【 **최근판례** 】 (이행불능에 따른 해제) 

대판 2011.5.26. 2010다102991은 뉴타운 도시개발 사업을 시행하는 에스에이치(SH)공사를 상대로 이주대책신청을 한 甲이 이주 대책자 확인 · 결정 전 수 분양권을 乙에게 매도하였고, 乙이 수 분양권을 다시 丙에게 매도한 사안에서, 위 공사가 신청을 받아들여 甲을 이주대책대상자로 확인 · 결정하여야만 비로소 甲은 구체적인 수 분양권을 취득하게 되는데, 甲이 위 확인 · 결정전에 수 분양권을 양도한 것은 장래에 수 분양권이 정상적으로 발생한다는 점을 계약이행의 조건 내지 내용으로 삼아 양도한 것으로 보아야 하고, 乙 역시 같은 취지에서 丙에게 수 분양권을 다시 양도한 것으로 보이므로, 위 공사가 甲을 이주대책자로 선정하고 丙 앞으로 수 분양권자 명의변경을 허용함으로써 매매계약의 목적을 달성할 수 있는 경우에는, 乙이 수 분양권자 명의변경에 필요한 서류를 丙에게 교부함으로써 이행의무를 다한 것으로 볼 수 있지만, 甲이 수 분양권 취득요건을 갖추지 못하여 수 분양권이 발생하지 않거나 수분양자명의변경이 불가능하다는 등 특별한 사정이 있는 경우에는 乙이 丙에게 명의변경서류를 제공하였다는 사정만으로 매매계약상 필요한 의무이행을 다하였다고 할 수 없다

고 하면서, 乙이 丙에게 수 분양권을 전전양도 할 당시 최초양도인인 甲이 구 주택법(2009.2.3. 법률 제9405호로 개정되기 전의 것) 제39조 제1항과 위 공사가 규정한 이주 대책자 선정요건을 위반하였기 때문에 위 공사의 조치 여하에 따라 장차 수 분양권을 취득하지 못할 수 있는 상태에 있었고, 이는 매매계약 이행을 후발적으로 불가능하게 할 수 있는 하자가 있는 경우에 해당하는데, 이와 같이 매매 당시 이미 하자가 존재함에도 乙이 이러한 사실을 丙에게 고지하지 아니한 채 장래 발생할 수 분양권을 丙이 아무런 이상 없이 인수할 수 있도록 하는 것을 특약사항으로 하여 매매계약을 체결한 점, 그 후 약정과 달리 당초 존재하던 하자가 현실화 되어 丙은 수 분양권을 인수할 수 없게 된 등을 종합하면, 乙에게는 매매계약 이행이 후발적 불능으로 귀착된 데 대한 귀책사유가 있으므로, 丙은 乙을 상대로 약정에 따른 채무를 불이행하였음을 이유로 매매계약을 해제할 수 있다고 하였다. 반면 대판 2011.1.27. 2010다41010 · 41027은 甲 분양회사가 乙 은행과 중도금 대출예정세대를 포괄적인 주 채무자로 하는 한정 근보증 계약을 체결하였고 이후 수분양자들이 대출금이자를 지급하지 않아 乙 은행의 요구로 甲 분양회사가 소유권 미 이전세대 분양목적물에 관하여 근저당권을 설정하여 주었는데 수분양자들이 분양 잔금을 지급하지 않았고, 결국 乙 은행이 위 근저당권에 기하여 신청한 임의경매절차에서 제3자가 수분양자들의 아파트를 매수하여 각 소유권을 취득한 사안에서, 甲 분양회사가 수분양자들에 대한 소유권이전의무를 이행할 수 없게 된 결정적인 원인은 수분양자들이 자신의 분양 잔금 지급의무 및 대출금이지 지급의무를 이행하지 아니한 데 있으므로 계약의 이행불능에 관하여 귀책사유가 있는 수분양자들은 그 이행불능을 이유로 분양계약을 해제할 수 없다고 하였다.

③ 불완전이행으로 인한 발생

이때의 경우는 우선, 완전이행이 가능한 경우에 완전이행의 최고를 하고, 채무자가 그 기간 내에 이행을 하지 않는 경우에는 해제권이 발생한다. 둘째, 완전이행이 불가능한 경우에는 이행불능과 같이 최고 없이 곧 해제권이 발생한다.

④ 채권자지체로 인한

채권자지체의 법적 성질에 따라 해제권을 인정할 것인지를 결정하게 된다. 책무불이행설(통설)은 채권자 지체가 있는 경우에 채무자는 상당한 기간을 정하여 최고를 하고, 그 기간 내에 수령이 없게 되면 해제권이 발생한다. 그러나 법정책임설에 의하면 해제권이 당연히 발생하지 않는다.

⑤ 사정변경으로 인한 발생

통설은 일정한 요건 하에 사정변경에 의한 해제권의 발생을 인정한다. 그러나 판례는 부정하고 있다. 통설에 따르면 계약체결 당시에 전혀 예상하지 않았던 또는 상상할 수도 없었던 사정이 발생하고, 사정의 변경으로 해제권을 취득한 당사자에게 책임 없는 사유로 발생하고, 계약내용대로 그 계약의 이행을 하게 하면 지나치게 가혹하고 온당하지 않다고 인정될 경우에는 해제할 수 있다고 본다. 이때 최고는 필요하지 않다.

⑥ 부수적 채무불이행으로 인한 발생

다수설과 판례에 의하면, 부수적인 채무의 불이행에 의해서는 해제권이 발생하지 않는다고 한다. 다수설과 판례는 계약의 해제권과 관련해서 계약의 해제권을 발생시키는 채무불이행에서 '채무'는 무엇을 의미하는 것인지의 문제다. 판례는 부수의무에 대한 해제권을 부인하고 있다. 즉 해제의 사유로서 계약의 주된 목적을 달성하는데 필수불가결함이 아닌 부수적인 의무에 불과한 것이라면 그 불이행에 의해 계약 자체를 해제할 수 없다는 것이다(대판 1992. 6. 23, 92다7795).

【 **관련판례** 】(대판 1995. 7. 25, 95다5929)

가. 채무의 일부 이행불능으로 인하여 전부가 이행불능으로 되는 경우에 대해,

나. 신축 예정인 상가건물 중 특정 점포에 관한 분양계약이 체결된 후 분양점포에 관한 소유권이전등기 의무가 이행불능에 이른 경우, 그 분양계약상의 채무는 전부 이행불능 상태에 이르렀다고 본 사례에서,

[재판요지]

가. 쌍무계약에 있어 당사자 일방이 부담하는 채무의 일부만이 채무자의 책임 있는 사유로 이행할 수 없게 된 때에는, 그 이행이 불가능한 부분을 제외한 나머지 부분만의 이행으로

는 계약의 목적을 달성할 수 없다면 채무의 이행은 전부가 불능이라고 보아야 할 것이므로, 채권자로서는 채무자에 대하여 계약 전부를 해제하거나 또는 채무 전부의 이행에 갈음하는 전보배상을 청구할 수 있을 뿐이지 이행이 가능한 부분만의 급부를 청구할 수는 없다. 나. 신축 예정인 상가건물 중 특정 점포에 관한 분양계약이 체결된 후 분양점포에 관한 소유권이전등기 의무가 이행불능에 이른 경우, 그 분양계약상의 채무는 전부 이행불능 상태에 이르렀다고 본 사례

【 **최근판례** 】 (해제계약)

해제계약에 대해, 대판 2011.4.28. 2010다98412 · 98429는 甲이 乙의 중개로 丙의 대리인인 丁과, 丙 명의로 리스 된 승용차에 관하여 甲이 대금을 지급하고 리스계약자지위를 승계받기로 하는 계약을 체결하고 승용차를 인도받았으나, 甲이 乙에게 해제의 의사표시를 하였고 甲이 승용차를 인도받아 사용한 기간 동안의 사용료로 얼마를 공제할 것인지에 관한 정산문제로 의견을 교환하던 중 '丁이 요구하는 금액의 사용료를 공제하여도 좋으니 승용차를 丁에게 갖다 주라.'고 하면서 승용차를 乙에게 인도한 사안에서, 甲이 계약 체결에 관한 중개역할을 담당하였음에 불과한 乙에게 위와 같이 말하면서 승용차를 乙에게 일방적으로 인도한 것만으로 계약이 묵시적으로 합의해제 되었고 그에 따른 甲의 원상회복의무도 이행완료되었다고 보기는 어렵다고 하였다.

【 **최근판례** 】 (제3자 보호)

제3자 보호를 위해서는, 대판 2010.12.23. 2008다57746은 "계약당사자의 일방이 계약을 해제한 경우 그 계약의 해제 전에 그 해제와 양립되지 아니하는 법률관계를 가진 제3자에 대하여는 계약의 해제에 따른 법률효과를 주장할 수 없고, 이는 제3자가 그 계약이 해제 전에 계약이 해제될 가능성이 있다는 것을 알았거나 알 수 있었다 하더라도 달라지지 아니 한다." 고 하였다.

참고로 대판 2011.6.30. 2009다30724는 임대인 甲이 임차인 乙에게 丙 부동산을 매도하

기로 하였는데, 乙이 중도금 지급을 하지 않아 매매계약이 해제도니 사안에서, 乙이 丙 부동산을 점용한 것은 위 매매계약에 앞서 체결된 임대차계약에 기한 것일 뿐 매매계약의 이행으로서 인도받았다고는 볼 수 없으므로, 乙이 임대차계약에 기하여 부당이득반환의무를 지는 것은 별론으로 하고 매매계약의 해제에 따른 원상회복으로서 임료 상당의 사용이익을 반환할 의무를 진다고는 볼 수 없다고 하였다.

▶ 법정해제권의 발생유형

- 이행지체−보통의 이행지체→최고 후 해제권발생
  −정기행위나 특약이 있는 경우→최고 없이 해제권 발생
- 이행불능−최고 없이 해제권 발생
- 불완전 이행−추완이 가능한 경우→최고 후 해제권 발생
  −추완이 불가능 한 경우→최고 없이 해제권 발생
- 채권자의 수령지체−최고 후 해제권 발생(통설)
- 사정변경의 원칙−통설→최고 없이 해제권 발생을 긍정
  −판례→해제권 발생을 부정

(4) 해제권의 행사

1) 해제권의 행사

약정해제의 경우는 당사자의 특약이 있게 되면 그 특약에 따르겠지만, 특약이 없는 경우에는 법정해제권에 관한 규정이 적용된다. 그 행사방법은 상대방에 의사표시로 한다. 그 의사표시는 철회하지 못한다(제543조). 해제의 의사표시에는 조건이나 기한을 붙일 수 없는 것이 원칙이다. 그러나 상대방에 불이익이 되지 않는 조건은 붙일 수 있다.

2) 해제권의 불가분성(제547조)

① 당사자의 일방이 수인이면 전원에 대해 해제권행사를 해야 효력이 있다. 그리고 그 한사람에 대해 해제권이 소멸하면 다른 당사자에 관해서도 해제권이 소멸한다.

【 관련판례 】 (대판 1994. 11. 18, 93다46209) 

가. 매도인이 공동매수인 중 1인의 대금지체를 이유로 그 1인에 대하여만 매매계약을 해제한다고 주장하였으나, 민법 제547조 제1항을 배제하기로 하는 특약의 존재가 인정되지 아니하여 해제의 효력이 발생되지 않는다고 한 사례

나. 법원의 석명권행사의 한계

다. 명백히 취하한 청구에 대한 유지 여부 및 법정해제권 행사로 인한 원상회복청구 시에 별도의 약정에 기한 청구도 하는지 여부 등을 석명할 의무는 없다고 본 사례

[재판요지]

가. 매도인이 택시의 면허권, 택시차량대금 및 사무실비품 등 일체를 매수인들에게 매도한 후 공동매수인 중 1인인 갑이 약정한 지급기일까지 매매잔대금을 지급하지 않았다는 이유로 갑에 대하여만 매매계약을 해제한다고 주장하는 경우, 매도인이 매수인들과 사이에서 민법 제547조 제1항의 적용을 배제하기로 하였다는 특별한 사정이 없는 한 매매계약을 해제함에 있어 매수인들 모두에 대하여 그 해제의 의사표시를 하여야 그 효력이 발생한다 할 것이므로, 매수인 갑이 다 른 공동매수인인 을과의 내부관계에서 자신이 부담 지급하기로 한 매매잔대금의 지급일을 매도인으로부터 연장 받음에 있어 을이 공동매수인의 1인으로서 연장기일에 매매잔대금이 틀림없이 지급된다는 것을 확인하고 그 연장기일에 지급되지 아니하는 경우에는 그 변제책임을 스스로 부담하겠다는 의사를 강조하는 의미로 서면이 작성된 사실만으로는 당사자들 사이에 매매계약의 해제에 있어 민법 제 547조 제1항 소정의 해제불가분의 원칙을 배제하기로 약정하였다고 인정하기에 부족하고, 달리 이를 인정할 증거가 없다면, 매도인이 공동매수인의 1인인 갑에 대하여만 한 위 해제의 의사표시는 그 효력이 발생되지 않는다고 한 사례.

나. 법원의 석명권행사는 당사자의 진술에 모순, 흠결이 있거나 애매하여 그 진술의 취지를 알 수 없을 때 이를 보완하여 명료하게 하거나 입증책임이 있는 당사자에게 입증을 촉구

하는 것을 그 내용으로 하는 것이지, 당사자가 주장하지 도 않은 법률효과에 관한 요건사실이나 공격방어의 방법을 시사하여 그 제출을 권유함과 같은 행위는 변론주의의 원칙에 위배되어 허용되지 않는다.

다. 원고가 명백히 취하한 청구에 대하여 법원이 다시 그 청구도 유지하는 것 인지에 관하여 석명하여야 할 의무가 있다고 할 수 없고, 원고인 매도인이 매수인의 매매계약 불이행을 이유로 한 법정해제권의 행사로 인한 해제의 효과로서 원상회복을 구하는 청구와 매수인과 사이의 별도의 약정에 기하여 같은 매매 목적물에 관한 2분의 1 지분의 반환을 구하는 청구는 별개의 청구로서 원고가 소송과정에서 그 약정에 기한 청구를 주장한 바 없다면 법정해제권행사로 인한 해제 주장에 그 약정에 기한 청구 주장이 포함되었다고 볼 여지도 없으므로 법원이 원고가 그 약정에 기한 지분반환청구를 하는지에 관하여 석명권을 행사하여 이를 심리하여야 할 의무가 있다고 볼 수 없다 고했다.

② 이에 대한 규정은 임의 규정이다.

(5) 해제의 효과

1) 민법의 규정

해제의 효과는 민법 제548조 내지 제549조에 규정하고 있다. 해제를 함으로 인해 법정해제의 경우는 처음부터 계약이 존재하지 않은 것이 되고, 법률관계가 소급해서 소멸한다. 그리고 원상회복의무와 손해배상청구권이 발생한다. 이에 반해 약정해제의 경우는 약정해제권의 보류 내용에 따라 결정된다. 약정이 없다면 법정해제권의 효과에 준한다. 다만 법정해제권이 채무불이행으로 인해 발생된 것이 아니기 때문에 손해배상청구권의 규정은 적용되지 않는다.

2) 해제권의 소급효

① 계약의 소급적 실효

해제된 계약 자체로부터 발생한 효과는 처음부터 존재하지 않았던 것과 같은 경우처럼 소급적으로 소멸한다. 그러나 물권의 변동 등에 대해서는 논의의 대상이 되고 있다. 즉 통설인 채권적 효과설(무인설)에 의하면 이전된 물권이 당연히 이전되는 것은 아니고, 이전받은 물권을 반환할 내용의 의무를 부담할 뿐이다. 이는 제548조 제1항의 단서규정은 주의규정이라고 한다. 반면에 소수설과 판례의 입장인 물권적 효과설에 의하면 채권계약이 해제되면 이로 인한 물권변동은 등기나 인도 없이 당연히 복귀된다. 이때의 등기상의 소송은 소유권이전등기 말소를 구하는 소송을 해야 한다. 따라서 제548조 제1항 단서는 제3자를 보호하기 위한 특별규정으로 이해한다.

이에 대한 판례는 제548조 제1항은 거래의 안전을 위한 특별규정이고, 계약이 해제되면 당연히 원상태대로 복귀한다고 하면서, 소수설(유인설)인 물권적 효과설을 취하고 있다(대판 1977. 5. 24, 75다1394).

【 **관련판례** 】(대판 1977. 5. 24, 75다1394)

물권도 계약의 해제로 인하여 당연히 복귀되는지 여부

[재판요지]

계약이 해제되면 그 계약의 이행으로 변동이 생겼던 물권은 당연히 그 계약이 없었던 원상태로 복귀한다고 봄이 타당하다.

② 해제의 소급효 제한

민법 제548조 제1항 단서의 의미에 대해, 이는 단순한 주의적 규정으로 보는 채권적 효과설과 특별한 제3자를 보호하기 위한 규정이라는 물권적 효과설로 대립한다. 이때의 제3자는 원칙적으로 계약으로 인해 완전한 권리관계를 취득한 자를 말한다고 하겠다. 따라서 해제에 의해 소멸하는 채권양수인이나 그 채권을 압류한 자는 여기서의 제3자는 아니라고 한다(대판 1996. 4. 12, 95다49882).

따라서 합의해제 이전에 취득한 제3자는 선의 · 악의를 묻지 않고 보호받는다.

【 관련판례 】 (대판 1996. 4. 12, 95다49882)

[1] 민법 제548조 제1항 단서에 정한 제3자의 적용 범위 [2] 아파트 분양신청권이 전전매도 된 경우, 설사 최종 매수인이 백지 매도증서, 위임장 등을 소지하고 있더라도 최초 매도인은 그에게 최초 매매계약의 해제를 주장할 수 있다고 본 사례

[재판요지]

[1] 민법 제548조 제1항 단서에서 규정하는 제3자라 함은 그 해제된 계약으로부터 생긴 법률적 효과를 기초로 하여 새로운 이해관계를 가졌을 뿐 아니라 등 기 · 인도 등으로 완전한 권리를 취득한 자를 지칭하는 것이고, 계약상의 채권을 양도받은 양수인은 특별한 사정이 없는 이상 이에 포함되지 않는다. [2] 아파트 분양신청권이 전전매매 된 후 최초의 매매 당사자가 계약을 합의해 제한 경우, 그 분양 신청권을 전전매수한 자는 설사 그가 백지 매도증서, 위임장 등 제반 서류를 소지하고 있다 하더라도 완전한 권리를 취득한 것이라고 할 수 없고, 또한 매매계약을 합의 해제한 다음 이를 회수하지 아니하였다고 하여 그에 대하여 매매계약의 해제를 주장할 수 없는 것은 아니라고 한 사례.

③ 해제 이후에 해제 사실을 모르고 취득한 제3자는 선이인 경우에 보호 받는다. 즉 통설과 판례는 거래의 안전을 위해 해제의 의사표시가 있은 후에 그 해제에 기한 말소등기가 있기 이전에 이해관계를 맺은 선의의 제3자를 포함하는 것으로 확대해석하고 있다. 이 의미는 계약해제 사실을 모르고 취득한 제3자에게는 계약해제사실을 주장할 수 없다는 의미이다.

【 관련판례 】 (대판 1985. 4. 9, 84다카130, 131)

가. 매매계약이 체결되었으면 소유서류위조 등의 방법으로 매수인 앞으로 경료 된 소유권이전등기도 실체적 권리관계에 부합되는 것인지 여부

나. 계약해제의 효과를 주장할 수 없는 제3자의 범위

[재판요지]

가. 공부상 공시된 등기가 실체적 권리관계에 부합한다 함은 그 등기절차에 문서의 위조 등 어떤 하자가 있다 하더라도 진실한 권리관계와 합치되는 것을 말 하는 것으로 약정 매매대금 전액이 지급되었다거나 또는 매매대금 완불 이전이 라고 하더라도 그 소유권이전등기를 하기로 하는 약정이 있었다고 할 수 없다면 소요서류 위조 등의 방법으로 한 매수인 명의의 소유권이전등기는 매도인의 의사 에 반하는 것임이 분명하여 실체적 권리관계에 부합한다고 할 이유나 근거가 없다.

나. 계약 당사자의 일방이 계약을 해제하였을 때에는 계약은 소급하여 소멸하여 계약 당사자는 각 원상회복의 의무를 지게 되나 이 경우 계약해제로 인한 원상회복등기 등이 이루어지기 이전에 계약의 해제를 주장하는 자와 양립되지 아니하는 법률관계를 가지게 되었고 계약해제 사실을 몰랐던 제3자에 대하여는 계약해제를 주장할 수 없다.

3) 원상회복의무

① 원상회복이란 처음부터 법률행위가 없었던 상태로 복귀한다는 것이다. 즉 원상회복의 의무자는 처음의 상태대로 만들어 줄 의무가 있게 된다. 이에 대한 직접 효과설은 부당이득반환의 의무라고 하고, 현존이익의 반환이라는 제741조의 특칙이 된다(통설). 반면 청산 관계설에 의하면 채무내용의 변경에 따른 이행된 급부를 계약 전의 상태로 회복시킬 청산관계로 변경되는 이행채무의 반환청구권이 된다.

② 원상회복의 범위

원물반환을 원칙으로 한다. 원물이 훼손 · 멸실되면 그 가액을 반환하고, 그 가액은 해제당시를 기준으로 한다(통설). 금전인 경우에 받은 날부터 이자를 붙여서 반환하고, 소정의 이자는 일종의 부당이득의 성질을 가진다. 그래서 이행지체는 아니다. 따라서 부당이득의 성질이기에 반환의무의 이행지체로 인한 것이 아니라도 언제나 법정이자이다(대판 2003. 10. 23, 2001다75295). 그리고 원물반환을 할 수 없게 되면 채무자의 책임 있는 사유로 인한 경우에만 가액반환을 한다. 귀책사유 있는 경우에는 학설이 대립된다. 즉 쌍무계약의 존속을 이유로 가액반환을 긍정하는 설과 부정하는 설 그리고 원물반환이 불가능한 경우에만 가액반환을 해야 한다는 견해 등이다. 이와는 별도로 목적물을 사용한 경우에는 사용의 대가를 지급해야 한다.

4) 손해배상의 청구

① 손해배상의 규정은 민법 제551조에 규정하고 있다. 즉 계약의 해제는 손해배상의 청구에 영향을 미치지 않는다. 즉 손해배상과 계약해제는 하나를 선택해야 하는 것이 아닌 둘 중 동시에 할 수도 있고, 어느 하나만을 할 수도 있다. 양자가 양립할 수 있다는 것이다.

② 해제로 인한 손해배상의 범위는 채무불이행으로 인한 것으로 본다. 그래서 이행이익의 배상이다(이와 비교되는 신뢰이익은 계약체결상의 과실인 경우에 손해배상의 범위다). 이는 계약체결상의 과실의 책임으로 하게 되는 신뢰이익의 배상과는 차이가 있다. 이행이익의 배상이란 계약의 이행으로 인해 채권자가 얻었을 이익을 말한다. 판례도 같은 입장이다(대판1983. 5. 24, 82다1667). 그러나 신뢰이익의 배상과 이행이익의 배상을 선택적으로 인정하면서 신뢰이익의 배상은 이행이익의 배상의 범위를 넘길 수 없다고 한 판결도 있다(대판 2002.6. 11, 2002다2539).

【 **관련판례** 】 (대판1983. 5. 24, 82다1667)

가. 계약해제로 인한 손해배상의 범위(= 이행 이익)

나. 조합계약해지의 경우 일방의 출자의무의 이행으로 소요된 비용에 대한 손해배상청구 가부(소극)

[재판요지]

계약이 해제되었을 경우의 손해배상의 청구도 채무불이행으로 인한 손 해배사과 다를 것이 없으므로 전보배상으로서 그 계약의 이행으로 인하여 채권자가 얻을 이익 즉 소위 이행이익을 손해로서 청구하여야 하고 그 계약이 해제되지 아니하였을 경우 채권자가 그 채무의 이행으로 소요하게 된 비용 즉 소위 신뢰이익의 배상은 청구할 수 없는 법리이다.

【 관련판례 】 (대판 2002.6. 11, 2002다2539)

[1] 소송촉진 등에 관한 특례법 제3조 제2항 소정의 '채무자가 그 이행의무의존부나 범위에 관하여 항쟁함이 상당하다고 인정되는 때' 및 '그 상당한 범위'의 의미 [2] 채무불이행을 이유로 계약해제와 아울러 손해배상을 청구하는 경우, 신뢰이익의 배상을 구할 수 있는지 여부(적극) 및 그 신뢰이익의 배상의 범위 [3] 채권입찰제 방식의 아파트분양에서 주택채권을 액면가로 매입하였다가 그 액면가에 미달하는 금액으로 매각한 후 분양자의 채무불이행으로 인하여아파트 분양계약이 해제된 경우, 주택채권의 매입가와 그 시세에 상당하는매각대금의 차액을 신뢰이익의 배상으로 청구할 수 있다고 한 사례

[재판요지]

[1] 소송촉진 등에 관한 특례법 제3조 제2항에서 '채무자가 그 이행의무의 존부나 범위에 관하여 항쟁함이 상당하다고 인정되는 때'라고 하는 것은 그 이행의무의 존부나 범위에 관하여 항쟁하는 채무자의 주장이 상당한 근거가 있는 것으로 인정되는 때를 가리키는 것으로 해석되므로, 채무자가 위와 같이 항쟁함이 상당한 것인지의 여부는 당해 사건에 관한 법원의 사실인정과 그 평가에 관한 문제라고 할 것이고, 같은 항 후단의 '그 상당한 범위'는 '채무자가 항쟁함에 상당한 기간의 범위'라 하겠으므로 소장 또는 이에 준하는 서면이 채무자에게 송달된 다음날부터 사실심의 판결 선고 전이기만 하면 법원은 그 항쟁함에 상당한 기간의 범위를 적절히 정할 수 있고, 따라서 항소심은 제1심판결 선고시나 그 전후를 묻지 않고 그 기간의 범위를 정할 수 있다. [2] 채무불이행을 이유로 계약해제와 아울러 손해배상을 청구하는 경우에 그 계약이행으로 인하여 채권자가 얻을 이익 즉 이행이익의 배상을 구하는 것이 원칙이지만, 그에 갈음하여 그 계약이 이행되리라고 믿고 채권자가 지출한 비용 즉 신뢰이익의 배상을 구할 수도 있다고 할 것이고, 그 신뢰이익 중 계약의 체결과 이행을 위하여 통상적으로 지출되는 비용은 통상의 손해로서 상대방이 알았거나 알 수 있었는지의 여부와는 관계없이 그 배상을 구할 수 있고, 이를 초과하여 지출되는 비용은 특별한 사정으로 인한 손해로서 상대방이 이를 알았거나 알 수 있었던 경우에 한하여 그 배상을 구할 수 있다고 할 것이고, 다만 그 신뢰이익은 과잉배상금지의 원칙에 비추어 이행이익의 범위를 초과할 수 없다.

[3] 채권입찰제 방식의 아파트분양에서 주택채권을 액면가로 매입하였다가 그 액면가에 미달하는 금액으로 매각한 후 분양자의 채무불이행으로 인하여 아파트 분양계약이 해제된 경우, 주택채권의 매입가와 그 시세에 상당하는 매각대금의 차액을 신뢰이익의 배상으로 청구할 수 있다고 한 사례.

5) 해제의 효과와 동시이행

해제로 인해 발생한 당사자 간의 원상회복의무와 손해배상의 의무는 동시이행의 관계에 있게 된다.

6) 해제권의 소멸

① 일반적 원인

이행의 제공, 제척기간의 경과(해제권은 형성권이므로 10년의 제척기간에 걸린다는 의미다), 실효의 법리에 의해 해제권이 소멸한다.

② 특수한 원인

존속기간의 경과 및 최고(제552조), 목적물의 훼손 및 반환불능(제553조), 당사자가 수인인 경우의 해제권 소멸(제547조).

(6) 계약의 해지

(1) 해지권의 발생 ① 약정해지권 – 당사자 간의 약정
② 법정해지권 – 개별적 계약에서 구체적으로 규정
③ 사정변경에 의한 해제권 – 판례상 인정(대판 1990. 2.27, 89다카1381)

(2) 해지의 효과 ① 원상회복의무 배제
② 손해배상청구(채무자 귀책사유의 경우에만 가능)

1) 의의

계속적 계약에서 일방 당사자가 계약의 효력을 장래에 대해 소멸시키는 것을 말한다. 이러한 권리를 해지권이라고 한다. 이는 소급적으로 효력을 소멸시키는 해제와 구별된다.

2) 해지권발생

① 약정해지권

당사자 간의 계약으로 해지권을 발생시킬 수 있다. 이는 계속적인 계약관계에서 당사자 간의 약정으로 미리 정할 수 있다. 즉 계약을 맺을 때에 당사자의 일방이나 쌍방이 해지권을 보류하는 특약을 할 수 있다(제543조). 예컨대 임대차의 경우는 명문으로 규정하고 있다(제636조).

② 법정해지권

법정해지권은 민법에서는 법정해지권에 관한 일반적인 규정을 두지는 않고 있다. 그러나 민법의 각 조문에는 법정해지권에 관한 규정을 개별적으로 명시하고 있다(제610조, 제625조, 제716조, 제627조 제2항, 제629조 제2항, 제635조, 제637조, 제639조, 제640조 ,제657조 내지 제663조, 제689조, 제698조, 제716조, 제720조). 그러나 이러한 명문 규정이 없다고 해도 채무불이행의 경우에는 어느 일방의 당사자는 이를 이유로 해지권을 행사할 수 있다고 하겠다.

③ 사정변경에 의한 해지권

계속적인 거래관계의 불확정한 채무를 보증하기 위해서 보증계약 성립 당시에 사정과 다른 현저한 사정이 발생한 경우에는 보증인은 보증계약을 해지할 수 있다고 한다(대판 1992. 5. 26, 92다2332).

【 **관련판례** 】 (대판 1992. 5. 26, 92다2332)

가. 이사의 지위에 있었기 때문에 부득이 회사와 은행 사이의 계속적 거래로 인한 회사의 채무에 대하여 연대 보증인이 된 자가 그 후 퇴사하여 이사의 지위를 떠난 경우 사정변경을 이유로 위 연대보증계약을 해지할 수 있는지 여부(적극)

나. 근보증 계약서상 보증인이 채무자인 회사의 임원에서 퇴임한 때에는 그 사실을 서면으로 은행에 통보하여야 한다는 취지의 규정이 있는 경우 보증인이 은행과의 사이에서 연대보증계약을 해지하는 의사표시도 반드시 서면에 의하여야 하는지 여부(소극)

[재판요지]

가. 회사의 이사의 지위에 있었기 때문에 회사의 요구로 부득이 회사와 은행 사이의 계속적 거래로 인한 위 회사의 채무에 대하여 연대 보증인이 된 자가 그 후 위 회사로부터 퇴사하여 이사의 지위를 떠난 것이라면 위 연대보증계약 성립 당시의 사정에 현저한 변경이 생긴 경우에 해당하므로 사정변경을 이유로 위 연 대 보증계약을 해지할 수 있다.

나. 근보증 계약서상 보증인이 채무자인 회사의 임원에서 퇴임한 때에는 그 사 실을 서면으로 은행에 통보하여야 한다는 취지로 규정되어 있다고 하여 보증인 이 은행과의 사이에서 연대보증계약을 해지하는 의사표시도 반드시 서면에 의하여야만 한다고는 해석되지 않는다.

【 **최근판례** 】 (사정변경)

대판 2011.6.24. 2008다44368은 "사정변경으로 인한 계약해지는, 계약 성립 당시 당사자가 예견할 수 없었던 현저한 사정변경이 발생하였고 그러한 사정변경이 해제권을 취득하는 당사자에게 책임 없는 사유로 생긴 것으로서, 계약내용대로 구속력을 인정한다면 신의칙에 현저히 반하는 결과가 생기는 경우에 계약준수 원칙의 예외로서 인정된다."고 하였다.

3) 해지권의 행사

해지권은 형성권에 해당하는 권리다. 그래서 해지권자가 상대방에 대해 일방의 의사표시로 하면 된다(제543조 제1항). 해지의 의사표시를 한 후, 이에 대해 상대방의 승낙이 없는 한 철회할 수 없다(제543조 제2항). 그리고 해지권도 수인에 대한 경우에는 해제권과 마찬가지로 불가분성이 인정된다(제547조).

4) 해지의 효과

해지의 효과는 소급효가 없다. 따라서 장래에 향해서만이 그 효력을 잃는다(제550조). 이러한 해지의 효과가 발생하는 시기는 즉시 발생한다는 것이다. 즉 해지의 의사표시를 행한 즉시 그 법률행위의 효력이 장래에 향해서 종료한다. 해지권 또한 형성권이기 때문이다. 다만, 해지도 일정한 경우에는 해지기간이 경과함으로 인해 비로소 그 해지의 효력이 발생하는 경우가 있다(제635조). 즉 기간의 정함이 없는 임대차의 경우에는 해지통고가 있은 때(해지의 의사표시가 상대방에게 도달 한 때)부터 일정기간이 경과해야 효력이 발생한다. 예컨대 임대차의 경우는 그 내용에 따라 6월, 1월, 5일 등의 기간이 경과하면 해지의 효력이 발생한다(제635조). 이와 달리 기간의 약정이 있는 경우에도 기간 내에 해지권을 보류하면 이를 준용한다(제636조). 이러한 해지기간을 민법에서는 '해지의 통고'라고 한다.

해지의 효과로서 청산의무가 발생하고 손해배상의 청구권과는 서로 영향을 미치지 아니한다. 해지에서의 청산의무는 일반적으로 계약을 해제했을 경우에 발생하는 임대차에서 목적물을 반환하는 원상회복의 의무(제548조)와 그 성질을 달리 한다. 그래서 이를 '청산의무'라고 표현한다. 이 청산의무에서 판례는 해제권에서 당연히 발생하는 원상회복의무인 소유권이전의무와는 달리, 해지에서는 소유권이전의무를 부담하기는 하되, 당연히 소유권이 복귀하는 것은 아니라고 한다(대판 1982. 8. 24, 82다카416). 또한 계약의 해지는 손해배상의 청구권에 영향을 미치지 아니한다. 이 손해배상은 상대방의 채무불이행을 원인으로 한다. 만약 상대방의 채무불이행을 원인으로 하지 아니하면 민법 제551조는 적용되지 아니한다.

【 **관련판례** 】 (대판 1982. 8. 24, 82다카416)

가. 명의신탁계약 해지후의 수탁자의 지위
나. 수탁자 명의로 경료 된 등기부의 멸실과 수탁자의 권리

[재판요지]

가. 부동산소유권의 명의신탁계약이 해지되더라도 그 해지의 효과는 소급하지 아니하고 장래에 향하여 효력이 있음에 불과하여 그 부동산의 소유권이 당연히 신탁자에게 복귀된다고 볼 수 없다.

나. 수탁자 명의로 경료 된 등기부가 멸실된 경우에도 그 멸실로 부동산에 대한 명의수탁자의 권리는 소멸되지 아니하며 그 회복등기기간이 경과하였다고 하여도 마찬가지라고 해석함이 상당하다.

(7) 해제와 해지의 차이점

해지와 해제권의 차이는 일시적인 계약인지 계속적인 계약인지의 문제와 그 효력에서의 소급효가 있느냐의 문제다.

▶ 계약의 해제와 해지

계약의 해제	계약의 해지
① 일시적 계약관계에서 인정 ② 해제는 계약당시로 소급효 발생 ③ 해제의 결과 원상회복의무부담	① 계속적 계약관계에서만 인정 ② 해지는 장래로 그 효력이 발생 ③ 해지의 결과 청산의무부담

| 제3장 |

계약각론(전형계약)

제3장

계약각론(전형계약)

▶ 민법상 전형계약의 형태(제554 내지 733조)

<table>
<tr><td rowspan="6">재산을 대상으로 하는 계약</td><td rowspan="3">재산권의 이전을 목적으로 하는 계약</td><td colspan="2">무상으로 양도 –증여(554조~562조)</td></tr>
<tr><td rowspan="2">유상으로 양도</td><td>반대급부가 금전임을 요한다.–매매(제554조~562조)</td></tr>
<tr><td>반대급부가 금전 이외의 것도 된다. –교환(제596조~597조)</td></tr>
<tr><td rowspan="3">물건의 이용을 목적으로 하는 계약</td><td colspan="2">빌린 물건을 소비하고 동종의 물건을 반환해야 하는 경우–소비대차(제598조~608조)</td></tr>
<tr><td rowspan="2">빌린 물건 자체를 반환하여야 하는 경우</td><td>무상–사용대차(제609조~617조)</td></tr>
<tr><td>유상–임대차(제618조~654조)</td></tr>
<tr><td rowspan="4">노무를 대상으로 하는 계약</td><td colspan="3">채권자가 타인의 노동력을 지배하여 이를 이용하는 경우–고용(제655조~663조)</td></tr>
<tr><td rowspan="3">채권자의 재배에 복종하지 않는 노무의 제공을 목적으로 하는 계약</td><td colspan="2">일의 완성을 목적으로 하는 경우–도급(제664조~674조)</td></tr>
<tr><td colspan="2">광고에 정한 행위의 완료를 목적으로 하는 경우–현상광고(제675조~692조)</td></tr>
<tr><td colspan="2">일정한 사무의 처리를 목적으로 하는 경우–위임(제680조~692조)</td></tr>
</table>

		물건의 보관을 목적으로 하는 경우-임치(제693조~702조)
그 밖의 계약	공동사업의 경영을 목적으로 하는 경우-조합(제703조~724조)	
	채무자의 급부의 시한을 정하는 것을 목적으로 하는 경우-종신정기금(제725조~730조)	
	분쟁을 당사자의 상호 양보로 해결하는 것을 목적으로 하는 경우-화해(제731조~733조)	

제1절 증 여

1. 증여의 의의

(1) 증여란 당사자 일방이 타방에게 재산을 이전하는 의사표시를 하고 상대방이 이를 승낙하는 계약을 말한다. 즉 증여자가 무상으로 일정한 재산을 수증자에게 준다는 의사를 표시하고, 상대방이 이를 승낙함으로써 성립하는 계약을 말한다(제554조). 증여는 계약이라는 점에서 단독행위인 유증과 구별된다.

따라서 증여는 낙성 · 무상 · 편무 · 불요식계약이다.

(2) 현대사회에서 증여의 사회적 · 경제적 작용이 그다지 크지 않지만, 자선 · 종교 · 학술 등의 특수한 목적을 위한 증여는 오늘날에도 일정한 기능을 하고 있다.

(3) 증여에서는 특유한 제도가 있다. 즉 서면에 의하지 않은 증여의 경우에는 각 당사자는 이를 해제할 수 있다(제555조). 이는 계약 당사자가 경솔하게 계약을 맺는 것을 방

지하고, 증여자의 의사를 명확하게 하여 장래의 다툼을 피하고자 하는 취지에서 마련한 규정이다.

2. 증여의 효력

(1) 증여에 기한 채권채무는 일반의 채권채무와 동일하다.

(2) 증여자의 담보책임

부담부증여에 있어서는 그 부담의 한도내에서 매도인과 같은 담보책임을 부담한다. 따라서 수증자는 상대부담의 감액청구권, 계약해제권, 손해배상청구권 등을 갖는다.

3. 특수한 증여

증여에는 특수한 형태로 부담부 증여(제559조)와 정기증여(제560조) 그리고 사인증여(제562조)가 있다. 이 중에서 사인증여는 증여자의 사망으로 효력이 발생한다.

【 관련판례 】

부담부증여에 있어 부담의무 불이행에 따른 증여계약의 해제 요건에 대해,

[재판요지]

상대부담 있는 증여에 대하여는 민법 제561조에 의하여 쌍무계약에 관한 규정이 준용되어 부담의무 있는 상대방이 자신의 의무를 이행하지 아니할 때에는 비록 증여계약이 이미 이행되어 있다 하더라도 증여자는 계약을 해제할 수 있고, 그 경우 민법 제555조와 제558조는 적용되지 아니한다.

【 **최근판례** 】 (부담부증여)

부담부 증여에서, 대판 2010.5.27. 2010다5878은 "증여에 상대부담(민법 제561조) 등의 부관이 붙어 있는지 또는 증여와 관련하여 상대방이 별도의 의무를 부담하는 약정을 하였는지 여부는 당사자 사이에 어떠한 법률효과의 발생을 원하는 대립하는 의사가 있고 그것이 말 또는 행동 등에 의하여 명시적 또는 묵시적으로 외부에 표시되어 합치가 이루어졌는지를 확정하는 것으로서 사실인정의 문제에 해당하므로, 이는 그 존재를 주장하는 자가 증명하여야" 한다고 하였다.

제2절 **매매와 환매**

1. 매매의 의의

(1) 매매에 관한 민법의 규정

매매는 당사자 일방, 즉 매도인이 일정한 재산권을 상대방, 즉 매수인에게 이전할 것을 약정하고, 상대방은 이에 대하여 대금을 지급할 것을 약정함으로써 성립하는 낙성 · 쌍무 · 불요식의 유상계약이다(제563조). 그런데 매매가 전형적인 유상계약이기 때문에, 법은 매매에 관한 규정들을 다른 유상계약에 준용하고 있다. 예컨대 일방예약(제564조), 해약금(제565조), 계약비용의 부담(제565조), 담보책임에 관한 규정(제570조) 등이다. 다만 그 계약의 성질이 이를 허용하지 아니하는 경우에는 그러하지 아니하다(제567조).

(2) 객체

매매의 목적이 되는 재산권에는 제한이 없다. 물권, 채권, 지식재산권 외에 영업이나 기업도 그 일체로서 매매의 대상이 될 수 있다. 또한 타인의 권리나 물건 또는 장래 성립하는 재산권이라도 상관없다.

(3) 성질

계약과 동시에 목적물과 대금이 교환되는 대금지급을 목적으로 한다. 대금지급이 아니고 물건이나 권리의 이전을 목적으로 하게 되면 교환이 된다. 이와 관련해서 이른바 현실매매의 법적 성질에 관해서는 학설의 대립이 있다. 통설은 현실매매도 매매의 일종이다. 이는 물권행위와 채권행위가 하나의 행위로 합체되어 행하여지는 것이라고 새긴다. 다만 제564조와 565조의 적용이 없다는 것이다.

2. 매매의 성립

(1) 서설

매매는 낙성계약이므로, 재산권이전과 대금지급에 관한 합의만 있으면 계약은 유효하게 성립한다. 그리고 매매는 처분행위가 아니므로, 매도인이 권리자가 아니더라도 의무부담행위로서 계약은 유효하게 성립한다. 즉 당사자 간의 약정만으로 계약이 성립한다는 것이다. 매매의 성립에 관하여 특기할 것은 매매의 예약과 계약금이다. 예약이란 본 계약을 체결할 것을 미리 약속하는 계약을 말한다. 이는 민법 제564조에 규정하고 있다. 그리고 계약금은 계약을 체결함에 있어서 그 계약에 부수하여 교부되는 금전 기타의 유가물을 말한다(제565조). 이들에 대해서는 후술하기로 한다. 그리고 매매계약에 의한 대금지급 시기나 계약비용, 이행장소 등은 반드시 합의가 있음을 요하지 아니한다. 다만 매매계약의 비용은 당사자 사이에 다른 특약이 없으면 양 당사자가 균분하여 부담한다. 그런데 매매계약에 관한 비용은 계약 체결에 일반적으로 소요되는 비용을 의미하며, 이행 또는 이행의 수령에 필요한 비용을 가리키는 것은 아니다.

다만 민법에서는 매매의 성립과 관련해서 매매의 일방예약(제564조), 해약금(제565조), 매매계약의 비용부담(제566조)에 관해 특별규정을 두고 있다. 이를 매매계약의 특칙이라고 한다.

(2) 매매의 예약

▶ 예약의 종류

승낙의무 있는 예약	① 당사자 일방만이 승낙의무가 있는 경우 – 편무예약
	② 당사자 쌍방이 승낙을 가지는 경우 – 쌍무예약
승낙 없이 본 계약을 당연히 성립 시키는 예약(예약 완결권)	① 당사자일방만이 예약완결권을 소유 – 일방예약
	② 당사자 쌍방이 예약완결권 소유 – 쌍방예약

1) 의의와 기능

① 일반적으로 예약이란 장차 본 계약을 체결할 것을 약속하는 별개의 계약을 말한다. 따라서 예약에 의하여 성립하는 본 계약은 채권계약이 된다. 왜냐하면 처분행위인 물권계약의 예약은 의무부담행위인 채권계약이 바로 본 계약이기 때문이다. 가령 물권변동을 바라는 계약을 할 경우에, 그에 관한 예약이 있고, 그 의무부담행위인 채권계약이 있게 되고, 다시 그 채권계약의 의무부담행위인 물권계약(물권에서 말하는 물권변동을 일으키는 물권행위와 공시를 내용으로 하는 계약)이 있게 된다는 것이다. 그렇다면 예약도 하나의 계약의 일종으로 보고, 예약 후에 본 계약 체결을 거부할 경우에는 예약 위반에 따른 채무

불이행책임이 발생한다.

예약도 보통 청약과 승낙에 의하여 성립하고, 본 계약의 내용이 확정되어 있거나 확정 가능하여야 한다. 즉 "매매의 예약은 당사자의 일방이 매매를 완결할 의사를 표시한 때에 매매의 효력이 생기는 것이므로 적어도 일방예약이 성립하려면 그 예약에 터 잡아 맺어질 본 계약의 요소가 되는 매매목적물, 이전방법, 매매가액 및 지급방법 등의 내용이 확정되어 있거나 확정할 수 있어야 한다." 나아가 본 계약의 목적이 불능이거나 사회질서 또는 강행법규에 반하여 무효인 경우에는 당연히 예약도 무효가 된다. 그리고 본 계약이 요식행위인 경우에 예약도 그 방식을 따라야 하는지 여부는 본 계약에 방식을 요하는 취지에 따라 판단되어야 한다. 민법은 매매와 관련하여 예약을 규정하고, 이를 다른 유상계약에 준용한다.

② 매매의 예약은 당장 본 계약을 체결하는 것이 곤란한 경우에 장래의 본 계약의 체결을 확실하게 하는 데 이용되는 제도이지만, 오늘날 주로 매매의 형식에 의한 채권담보로서 기능하고 있다. 그런데 금전소비대차와 결부되는 대물변제의 예약이나 재 매매의 예약이 담보권실행을 위한 법정절차를 피하고 폭리를 취하는 수단으로 이용되자, 비 전형담보의 하나인 가등기담보 등에 관란 법률이 전면적으로 개입하기에 이르렀다(가등기 담보에 관한 법률은 후술한다).

2) 예약의 종류

예약에는 그 성질에 따라 다음의 두 종류로 나누어진다.

① 우선 당사자 일방이 본 계약 체결의 청약을 하면 상대방은 이에 대하여 승낙할 의무를 부담하는 유형이 있다. 상대방이 승낙의무를 위반하여 승낙하지 않으면, 청약자는 승낙의 의사표시에 갈음하는 판결을 소구할 수 있다. 이러한 종류의 예약은 다시 ㉠ 당사자 일방만이 승낙의무를 부담하는 경우, 즉 본 계약 체결의 청약을 할 수 있는 권리를 당사자 일방만이 가지는 경우와 ㉡ 당사자 쌍방이 모두 승낙의무를 부담하는 경우, 즉 당사자 쌍

방이 모두 상대방에 대하여 청약을 할 수 있는 권리를 가지는 경우로 나누어지는데, 전자를 편무예약, 후자를 쌍무예약이라고 한다.

② 다른 유형은 예약완결권에 대한 예약의 형태이다. 당사자 일방이 본 계약을 성립시키려는 의사표시를 하면 상대방의 승낙을 기다리지 않고 본 계약은 당연히 성립하게 되는 것이다. 그런데 예약완결권을 당사자 일방만이 가지는 것을 일방예약, 쌍방이 모두 가지는 것을 쌍방예약이라고 한다.

3) 매매의 일방계약

① 서언

앞에서 본 예약의 종류 및 각 유형의 예약에 관한 일반이론은 매매에도 그대로 적용된다. 따라서 매매에 관하여 이론적으로 편무예약, 쌍무예약, 일방예약, 쌍방예약의 네 유형이 있을 수 있으며, 계약자유의 원칙에 의하여 당사자는 이들 중 어느 형식의 예약이라도 체결할 수 있다. 실제로 당사자가 위의 네 유형 중 어느 종류의 예약을 하였는지는 계약의 해석에 의하여 결정되어야 하지만, 법은 특히 일방예약에 관한 규정을 두고 있기 때문에, 매매의 예약은 일방예약으로 추정된다.

② 일방예약의 법적 성질

예약도 계약이다. 그래서 합의로 성립한다. 다만 예약은 본 계약을 체결해야 할 채권·채무를 발생케 하는 것이므로 언제나 채권계약이다. 매매의 일방예약의 법적 성질에 대해 학설이 대립한다. 즉 예약권리자의 완결의 의사표시를 조건으로 하는 '정지조건부 매매'로 보는 다수설과 매매의 일방예약도 예약의 일종으로 보고, 정지조건부 매매에서와 같은 효과가 생기는 특수한 예약이라고 하는 소수설이 있다(곽윤직, 김상용).

③ 예약완결권

㉠ 예약상의 의무자에 대하여 예약완결의 의사표시를 할 수 있는 권리인 예약완결권은 형성권에 속한다. 즉 예약완결권자가 예약상의 의무자에 대하여 예약완결의 의사표시를 하면 자동적으로 본 계약이 성립한다.

㉡ 예약완결권의 행사

예약완결권은 예약의무자에 대해 예약완결의 의사표시를 하는 방법으로 행사한다. 완결권이 양도되면 양수인이 의사표시를 한다. 예컨대 부동산물권을 이전하여야 하는 본계약의 예약완결권을 가등기할 수도 있다. 이때 예약완결권이 가등기된 상태에서 그 목적부동산이 제3자에게 양도되었다면 가등기권자인 예약완결권자는 누구를 상대로 예약완결권을 행사하여야 하는지에 관하여 학설은 서로 대립하고 있다. 예약의무자를 상대로 할 것인지(다수설), 아니면 양수인인 제3자가 예약완결에 대한 의무를 승계한 것이므로 이 양수인을 상대로 할 것인지의 문제이다(소수설). 판례는 다수설과 같이 예약상의 의무자에 대하여 예약완결권을 행사하고 가등기에 기한 본등기신청을 하면, 목적부동산에 관한 양수인 명의의 본등기는 직권으로 말소된다고 한다. 한편 수인이 매매예약완결권을 준공유하는 경우에, 매매예약완결의 의사표시는 예약완결권의 처분행위라 할 것이므로, 예약완결권을 준공유하고 있던 수인 전원이 행사하여야 한다.

㉢ 예약완결권은 양도성을 가진다. 이는 가등기의 부기등기로 이전된다. 이는 부동산 자체의 이전이 아닌 가등기된 예약완결권의 이전이다. 이는 채권이므로 등기상의 부기등기를 하고 이와 별도로 채권양도의 대항요건인 확정일자 있는 증서에 의한 예약상의 권리자의 양도통지를 하거나, 또는 예약상의 의무자의 승낙이 있어야 제3자에게 대항할 수 있다(제450조). 예약완결권이 양도된 경우에, 이때는 부동산이 이전된 경우와는 달리 권리의 양수인이 완결의 의사표시를 하여야 한다.

㉣ 예약완결권의 행사기간을 당사자가 계약으로 정할 수 있지만, 그 기간을 미리 정하지 않은 경우에, 예약상의 의무자는 상당한 기간을 정하여 매매완결 여부의 확답을 최고할 수 있고(제564조 제2항), 예약상의 의무자가 그 기간 내에 확답을 받지 못하면 예약은 그 효력을 잃는다(제564조 제3항).

㉤ 예약완결권은 형성권이므로 당사자 사이에 그 행사기간을 약정한 때에는 그 기간 내에, 그러한 약정이 없는 때에는 그 예약이 성립한 때부터 10년 내에 이를 행사하여야 하고, 그 기간이 지난 때에는 예약완결권은 제척기간의 경과로 인하여 소멸한다(기산점은 권리가 발생한 때부터 이다).

【 **최근판례** 】 (예약완결권이 수인에게 귀속되는 경우) 

대판(전) 2012.2.16. 2010다82530은 [1] 수인의 채권자가 각기 채권을 담보하기 위하여 채무자와 채무자 소유의 부동산에 관하여 수인의 채권자를 공동매수인으로 하는 1개의 매매예약을 체결하고 그에 따라 수인의 채권자 공동명의로 그 부동산에 가등기를 마친 경우, 수인의 채권자가 공동으로 매매예약완결권을 가지는 관계인지 아니면 채권자 각자의 지분별로 별개의 독립적인 매매예약완결권을 가지는 관계인지는 매매예약의 내용에 따라야 하고, 매매예약에서 그러한 내용을 명시적으로 정하지 않은 경우에는 수인의 채권자가 공동으로 매매예약을 체결하게 된 동기 및 경위, 매매예약에 의하여 달성하려는 담보의 목적, 담보 관련 권리를 공동행사하려는 의사의 유무, 채권자별 구체적인 지분권의 표시여부 및 지분권 비율과 피담보채권 비율의 일치 여부, 가등기담보권 설정의 관행 등을 종합적으로 고려하여 판단하여야 한다. [2] 공동명의로 담보가등기를 마친 수인의 채권자가 각자의 지분별로 별개의 독립적인 매매예약완결권을 가지는 경우, 채권자 중 1인은 단독으로 자신의 지분에 관하여 가등기 담보 등에 관한 법률이 정한 청산절차를 이행한 후 소유권이전의 본등기절차 이행청구를 할 수 있다.

사견 : 甲이 乙에게 돈을 대여하면서 담보목적으로 乙 소유의 부동산 지분에 관하여 乙의 다른 채권자들과 공동명의로 매매예약을 체결하고 각자의 채권액 비율에 따라 지분을 특정하여 가등기를 마친 사안에서, 채권자가 각자의 지분별로 별개의 독립적인 매매예약완결권을 갖는 것으로 보아, 甲이 단독으로 담보목적물 중 자신의 지분에 관하여 매매예약완결권

을 행사할 수 있고, 이에 따라 단독으로 자신의 지분에 관하여 가등기에 기한본등기절차의 이행을 구할 수 있다고 본 원심판단을 정당하고 한 사례로, 1인 채무자에 대한 복수채권자의 채권을 담보하기 위하여 그 복수채권자와 채무자가 채무자 소유의 부동산에 관하여 복수채권자를 공동권리자로 하는 매매예약을 체결하고 그에 따른 소유권이전등기청구권 보전의 가등기를 한 경우에, 복수채권자는 매매예약완결권을 준공유하는 관계에 있고, 매매예약완결의 의사표시는 예약완결권의 처분행위라 할 것이므로 예약완결권을 준공유하고 있던 수인 전원이 행사하여야 하며, 채권자가 채무자에 대하여 예약이 완결도니 매매목적물의 소유권이전의 본등기를 구하는 소는 필요적 공동소송으로서 매매예약완결권을 중공유하고 있던 복수채권자 전원이 제기하여야 한다고 한 대판 1984.6.12. 83다카2282; 대판 1985.5.28. 84다카2188; 대판 1985.10.8. 85다카604; 대판 1987.5.26. 85다카2203 등을 변경하였다.

(3) 계약금

1) 의의

계약금이란 계약을 체결할 때 당사자 일방이 상대방에게 교부하는 금전 기타 유가물을 말한다. 그런데 매매는 낙성계약이므로, 계약금의 지급이 계약의 성립요건은 아니다. 한편 계약금계약은 금전 기타 유가물의 교부를 요건으로 하는 요물계약이고, 매매 기타의 계약에 종된 계약이다. 종된 계약이라고 주된 계약과 동시에 이루어져야 하는 것은 아니다.

2) 계약금의 법적 성질

계약에서 당사자가 계약금을 교부하는 목적으로 여러 가지가 있을 수 있지만, 대체로 다음 세 가지의 성질 전부 또는 일부를 가진다.

① 증약금

계약이 성립되었음에 대한 증거로서의 의미를 가지는 대금이다. 민법에는 증약금에 대한 규정이 없다. 그러나 계약금은 언제나 증약금으로서의 성질을 가지므로, 계약금으로서 최소한의 의미를 지니고 있다.

② 위약계약금

계약금이 때로는 위약금 또는 손해배상액의 예정으로서의 성질을 가진다. 계약금을 교부받은 자가 계약을 위반하면 그 배액을 상환하고, 계약금을 교부한 자가 계약상의 채무를 이행하지 않으면 그것을 수령한 자가 몰수하는 형태로 나타난다. 그런데 이러한 계약금이 위약벌의 성질을 가지는 경우와 손해배상액의 예정으로서의 성질을 가지는 경우가 있는데, 이 중 어디에 속하는지 하는 것이 해석에 의하여 밝혀지지 않으면 제398조 제4항에 따라 위약계약금은 원칙적으로 손해배상액의 예정으로서의 성질을 가진다. 그런데 계약금이 위약벌의 성질을 가지는 경우에 채무불이행에 의한 손해배상은 위약금의 몰수와 관계없이 따로 청구할 수 있다.

③ 해약금

해약금은 해제권을 보류하는 작용을 가지는 계약금을 말하며, 이 계약금을 교부한 자는 그것을 포기함으로써, 이를 교부받은 자는 그 배액을 상환함으로써 계약을 해제할 수 있다(제565조 제1항). 이처럼 민법에서는 계약금이 해약금으로서의 성질을 갖는다고 원칙적으로 규정하고 있다.

3) 민법 제565조

① 계약금 추정

계약금은 위와 같이 여러 성질을 가질 수 있기 때문에, 실제의 거래에서는 계약금이 어떤 성질의 것인지가 분명하지 않은 경우도 있다. 이는 결국 당사자의 의사해석에 의하여 판단되어야 하지만, 당사자 사이에 다른 약정이 없으면 해약금으로 추정된다(제565조 제1항). 따라서 다른 약정이 없는 한 계약금의 교부자는 이를 포기하고, 그 수령자는 그 배액을 상환하고 매매계약을 해제할 수 있다. 즉 해약금으로서 계약금이 수수된 경우에 당사자 쌍방은 해제권을 가진다고 할 수 있다.

그런데 계약금 상당액이 상대방에게 귀속된다는 것은 약정해제권 행사의 대가이므로,

위약금의 특약이 없는 한 상대방의 귀책사유에 기한 법정해제권 행사의 경우에 그 금액이 상대방에게 귀속되지는 않는다. 위약금으로 되기 위해서는 당사자 간의 특약이 있어야 한다는 것이 판례의 입장이다(대판 1992. 11. 27, 92다23209). 즉 매매계약에서 특약으로 계약금을 위약금으로 한다는 약정이 있다면 별도의 손해배상을 청구하지 못한다는 의미다. 만약 계약금을 위약금으로 한다는 특약이 없다면 계약금의 몰수 및 배액의 배상과는 별도로 계약을 해제함으로 인해 발생된 손해를 그 귀책자에게 배상 청구할 수 있다는 것이다.

【 관련판례 】 (대판 1992. 11. 27, 92다23209)

가. 계약 당사자 일방의 행동이 계약관계를 더 이상 유지하지 않겠다는 명백한 의사표시로 볼 수 있고, 그때를 전후하여 계약상 채무의 이행도 지체하였다고 인정되므로 채무불이행을 이유로 한 상대방의 계약해제권 행사가 적법하다고 본 사례에서,

나. 계약금의 성질 및 계약해제시의 귀속관계

[재판요지]

가. 계약 당사자 일방의 행동이 계약관계를 더 이상 유지하지 않겠다는 명백한 의사표시로 볼 수 있고, 그때를 전후하여 계약상 채무의 이행도 지연하였다고 인정되므로 채무불이행을 이유로 한 상대방의 계약해제권 행사가 적법하다고 본 사례.

나. 유상계약을 체결함에 있어서 계약금이 수수된 경우 계약금은 해약금의 성질을 가지고 있어서 이를 위약금으로 하기로 하는 특약이 없는 이상 계약이 당사자 일방의 귀책사유로 인하여 해제되었다 하더라도 상대방은 계약불이행으로 입은 실제 손해만을 배상받을 수 있을 뿐 계약금이 위약금으로서 상대방에 당연히 귀속된다고 할 수 없다고 했다.

② 해제권 행사의 요건과 효과

㉠ 해제요건

계약금의 교부자는 의사표시만으로 해제권을 행사할 수 있는 반면, 그 수령자는 해제의 의사표시와 함께 배액의 제공이 있어야 한다. 이때의 배액을 제공한다는 것은 현실제공이 아니라도 구두의 제공만으로 가능하다고 봐야 한다. 즉 상대방이 수령을 거부한다고 공탁까지 해야 하는 것은 아니라고 함이 판례의 입장이다(대판 1992. 5. 12, 91다2152). 만약 계약이 유동적 무효상태에 있더라도 해제권을 행사함에는 지장이 없다. 즉 특별한 사정이 없는 한 구 국토이용관리법상의 토지거래허가를 받지 않아 유동적 무효상태인 매매계약에 있어서도 당사자 사이의 매매계약은 매도인이 계약금의 배액을 상환하고 계약을 해제함으로써 적법하게 해제된다고 할 수 있다.

ⓛ 해제기간

약정해제권에 기하여 계약을 해제할 수 있는 기간은 "당사자의 일방이 이행에 착수할 때"까지이다. 이처럼 해제권 행사의 시기를 제한한 것은, 당사자의 일방이 이미 이행에 착수하였다면 그 당사자는 계약이 이행될 것으로 기대하고 그에 필요한 비용을 지출하였을 것인데, 만일 이러한 단계에서 상대방으로부터 계약이 해제된다면 예측하지 못한 손해를 입게 될 우려가 있으므로, 이를 빙지하기 위해서라고 한다(대판 1997. 6. 27, 97다9369). 그리고 "당사자의 일방"이 상대방에 한정되지 않으므로, 매매계약당사자 중 누구라도 이행에 착수하였다면 해제권이 봉쇄된다. 즉 "제565조 제1항에서 말하는 당사자의 일방이라는 것은 매매 쌍방 중 어느 일방을 지칭하는 것이고, 상대방이라 국한하여 해석할 것이 아니므로, 비록 상대방인 매도인이 매매계약의 이행에는 전혀 착수한 바가 없다 하더라도 매수인이 중도금을 지급하여 이미 이행에 착수한 이상 매수인은 민법 제 565조에 의하여 계약금을 포기하고 매매계약을 해제할 수 없다."고 한다(대판 2000. 2. 11, 99다62074).

그런데 이행에 착수한다는 것은 단순한 이행의 준비가 아니라 이행행위 자체에 착수하는 것을 말한다. 즉 객관적으로 외부에서 인식할 수 있는 정도로 채무이행행위의 일부를 행하거나, 이행에 필요한 전제행위를 하는 것을 말한다(대판 2006. 11. 24, 2005다39594).

그리고 단순히 이행의 준비를 하는 것만으로 부족하다고 하여 반드시 계약내용에 들어맞는 이행제공의 정도에까지 이르러야 하는 것은 아니고, 이행기의 약정이 있더라도 당사자가 채무의 이행기 전에는 착수하지 아니하기로 하는 특약을 하는 등 특별한 사정이 없는 한 그 이행기 전에 이행에 착수할 수도 있다고 한다. 예컨대 매수인이 매도인의 동의하에 매매계약의 계약금 및 중도금 지급을 위해 은행도 어음을 교부한 경우에 매수인은 계약의 이행에 착수했다고 본다는 판례도 있다(대판 2002. 11. 26, 2002다46492).

㉢ 이행행위에 착수하기 전에만 해제할 수 있으므로, 해제에 의하여 당사자 사이에 원상회복의 문제는 생기지 않는다. 원상회복할 이행행위가 없었기 때문이다. 따라서 해제에 의한 손해배상청구권도 생기지 않는다. 그러나 계약금의 수수가 채무불이행을 이유로 하는 해제 및 그에 다른 손해배상을 배제하는 것은 아니다(89다14110). 이는 해제 후 별도의 손해배상청구권을 행사할 수 있다는 취지다.

㉣ 해제효과로서, 계약금의 수수가 있었지만 계약을 해제함이 없이 계약상의 채무가 이행된 경우에, 계약금의 수령자는 이를 교부자에게 반환하여야 하지만, 거래상 대금의 일부에 충당되는 것이 보통이다.

〖 **관련판례 1** 〗 (대판 1992. 5. 12, 91다2152)

가. 매매계약금에 대하여 매수인이 위약하였을 때에는 이를 무효로 하고 매도인이 위약하였을 때에는 그 배액을 상환할 뜻의 약정이 있는 경우 그 계약금의 성질

나. 계약금의 배액을 상환하고 하는 계약해제 시 상대방이 이를 수령하지 아니하는 경우 이를 공탁하여야 유효한지 여부(소극)

[재판요지]

가. 매매당사자 사이에 수수된 계약금에 대하여 매수인이 위약하였을 때에는 이를 무효로 하고 매도인이 위약하였을 때에는 그 배액을 상환할 뜻의 약정이 있는 경우에는 특별한 사정이 없는 한 그 계약금은 민법 제398조 제1항소정의 손해배상액의 예정의 성질을 가질 뿐 아니라 민법 제565조 소정의 해약금의 성질도 가진 것으로 볼 것이다.

나. 매매당사자간에 계약금을 수수하고 계약해제권을 유보한 경우에 매도인이 계약금

의 배액을 상환하고 계약을 해제하려면 계약해제 의사표시 이외에 계약금 배액의 이행의 제공이 있으면 족하고 상대방이 이를 수령하지 아니한다 하여 이를 공탁하여야 유효한 것은 아니다.

【 **관련판례 2** 】 (대판 1997. 6. 27, 97다9369)

[1] 국토이용관리법상의 토지거래허가를 받지 않아 유동적 무효 상태인 매매계약에 있어서 매도인이 민법 제565조 제1항에 의하여 받은 계약금의 배액을 상환하고 계약을 해제할 수 있는지 여부(적극) [2] 민법 제565조 제1항의 규정 취지 및 '이행에 착수할 때까지'의 의미 [3] 국토이용관리법상의 토지거래허가를 받지 않아 유동적 무효 상태인 매매계약의 매도인이 계약금의 배액을 제공하고 계약을 해제하려고 하는 경우, 매수인이 대금 지급기일 전에 매도인의 의사에 반하여 대금지급의 이행을 할 수 있는지 여부(소극) [4] 유동적 무효 상태인 매매계약에 있어서 매수인이 토지거래허가 협력의무이행의 소를 제기한 것만으로 민법 제565조 제1항 소정의 이행에 착수한 것으로 볼 수 있는지 여부(소극)

[재판요지]

[1] 매매 당사자 일방이 계약 당시 상대방에게 계약금을 교부한 경우 당사자 사이에 다른 약정이 없는 한 당사자 일방이 계약 이행에 착수할 때까지 계약금 교부자는 이를 포기하고 계약을 해제할 수 있고, 그 상대방은 계약금의 배액을 상환하고 계약을 해제할 수 있음이 계약 일반의 법리인 이상, 특별한 사정이 없는 한 국토이용관리법상의 토지거래허가를 받지 않아 유동적 무효 상태인 매매계약에 있어서도 당사자 사이의 매매계약은 매도인이 계약금의 배액을 상환하고 계약을 해제함으로써 적법하게 해제된다. [2] 민법 제565조가 해제권 행사의 시기를 '당사자 일방이 이행에 착수할 때까지'로 제한한 것은 당사자의 일방이 이미 이행에 착수한 때에는 그 당사자는 그에 필요한 비용을 지출하였을 것이고, 또 그 당사자는 계약이 이행될 것으로 기대하고 있는데 만일 이러한 단계에서 상대방으로부터 계약이 해제된다면 예측하지 못한 손해를 입게 될 우려가 있으므로 이를 방지함에 있다 할 것이고, 여기서 '당사자 일방이 이행에 착수'하였다고 함은 반드시 계약 내용에 들어맞는 이행의 제공에까지 이르러야 하는 것은 아니지만 객관적으로 외부에서 인식할 수 있을 정도로 채무 이행행위의 일부를 행하거나 또는 이행에 필요한 전제행위를 행하는 것으로서 단순히 이행의 준비를 하는 것만으로는 부족하다. [3] 토지거래허가를 전제로 하는 매매계약의 경우 허가가 있

기 전에는 매수인이나 매도인에게 그 계약내용에 따른 대금의 지급이나 소유권이전등기 소요서류의 이행제공의 의무가 있다고 할 수 없을 뿐 아니라, 매도인이 민법 제565조에 의하여 계약금의 배액을 제공하고 계약을 해제하고자 하는 경우에 이 해약금의 제공이 적법하지 못하였다면 해제권을 보유하고 있는 기간 안에 적법한 제공을 한 때에 계약이 해제된다고 볼 것이고, 매도인이 매수인에게 계약을 해제하겠다는 의사표시를 하고 일정한 기한까지 해약금의 수령을 최고하였다면, 중도금 등 지급기일은 매도인을 위하여서도 기한의 이익이 있는 것이므로 매수인은 매도인의 의사에 반하여 이행할 수 없다. [4] [1]의 경우, 매수인이 매도인의 의무이행을 촉구하였거나 매도인이 그 의무 이행을 거절함에 대하여 의무이행을 구하는 소송을 제기하여 1심에서 승소판결을 받은 것만으로는 매수인이 그 계약의 이행에 착수하였다고 할 수 없고, 또한 매도인이 계약금의 배액을 상환하고 매매계약을 해제하는 것을 신의칙에 반하는 것이라고 할 수 없다.

【 **관련판례 3** 】 (대판 2000. 2. 11, 99다62074)

민법 제565조 제1항 소정의 '당사자의 일방'의 의미 및 중도금을 지급하여 이행에 착수한 매수인이 계약금을 포기하고 매매계약을 해제할 수 있는지 여부(소극)

[재판요지]

민법 제565조 제1항에서 말하는 당사자의 일방이라는 것은 매매 쌍방 중 어느 일방을 지칭하는 것이고, 상대방이라 국한하여 해석할 것이 아니므로, 비록 상대방인 매도인이 매매계약의 이행에는 전혀 착수한 바가 없다 하더라도 매수인이 중도금을 지급하여 이미 이행에 착수한 이상 매수인은 민법 제565조에 의하여 계약금을 포기하고 매매계약을 해제할 수 없다.

【 **관련판례 4** 】 (대판 2002. 11. 26, 02다46492)

[1] 민법 제565조 소정의 '이행에 착수할 때'까지의 의미 및 이행기의약정이 있더라도 이행기 전에 이행에 착수할 수 있는지 여부(한정 적극) [2] 매수인이 매도인의 동의하에 매매

계약의 계약금 및 중도금 지급을 위하여 은행도 어음을 교부한 경우 매수인은 계약의 이행에 착수하였다고 본 사례

[재판요지]

[1] 매도인이 민법 제565조에 의하여 계약금의 배액을 상환하고 계약을 해제하려면 매수인이 이행에 착수할 때까지 하여야 할 것인바, 여기에서 이행에 착수한다는 것은 객관적으로 외부에서 인식할 수 있는 정도로 채무의 이행행위의 일부를 하거나 또는 이행을 하기 위하여 필요한 전제행위를 하는 경우를 말하는 것으로서, 단순히 이행의 준비를 하는 것만으로는 부족하나 반드시 계약내용에 들어맞는 이행의 제공의 정도에까지 이르러야 하는 것은 아니라 할 것이고, 그와 같은 경우에 이행기의 약정이 있다 하더라도 당사자가 채무의 이행기 전에는 착수하지 아니하기로 하는 특약을 하는 등 특별한 사정이 없는 한 그 이행기 전에 이행에 착수할 수도 있다. [2] 매수인이 매도인의 동의하에 매매계약의 계약금 및 중도금 지급을 위하여 은행도 어음을 교부한 경우 매수인은 계약의 이행에 착수하였다고 본 사례.

【 관련판례 5 】 (대판 1990. 3. 27, 89다14110)

가. 약정해제권의 유보 또는 위약벌에 관한 특약이 채무불이행으로 인한 법정해제권을 배제하는지 여부(소극)

나. 기존채무의 변제를 위하여 교부된 약속어음에 관하여 강제집행 수락의 공정증서가 작성되거나 어음금지급판결이 확정된 경우 채무의 이행이 있는 것으로 볼 수 있는지 여부(소극)

다. 계약해제의 전제요건인 이행최고에 반드시 일정한 기간을 명시하여야 하는지 여부(소극)

[재판요지]

가. 계약서에 명문으로 위약시의 법정해제권의 포기 또는 배제를 규정하지 않은 이상 계약 당사자 중 어느 일방에 대한 약정해제권의 유보 또는 위약벌에 관 한 특약의 유무 등은 채무불이행으로 인한 법정해제권의 성질에 아무런 영향을 미칠 수 없다.

나. 기존채무의 변제를 위하여 약속어음을 교부한 경우에 당사자 사이에 특별 한 의사표시가 없으면 기존채무의 변제를 확보하거나 또는 그 지급방법으로 이를 교부한 것으로 추정되는데 불과하므로 그 약속어음에 관하여 강제집행수락의 공정증서가 작성되어 있다거나

어음금청구소송의 승소판결이 확정된 바 있다는 사유만으로는 기존채무의 이행이 있은 것으로 볼 수 없다.

다. 채무의 이행지체를 이유로 하는 계약해제에 있어서 그 전제요건인 이행최고는 반드시 미리 일정한 기간을 명시하여 최고하여야 하는 것은 아니고 최고한 때로부터 상당한 기간이 경과하면 해제권이 발생한다고 볼 것이다.

3. 매매의 효력

(1) 매도인의 재산권 이전의무

1) 매매일반론

매도인은 매매의 목적인 재산권을 매수인에게 이전하는 데 필요한 모든 행위를 하여야 할 의무를 진다. 한편 타인의 재산권을 매각한 경우에, 매도인은 이를 취득하여 매수인에게 이전하여야 한다. 즉 "양도계약의 목적물이 타인의 권리에 속하는 경우에 있어서도 그 양도계약은 계약당사자간에 있어서는 유효하고, 그 양도계약에 따라 양도인은 그 목적물을 취득하여 양수인에게 이전하여 줄 의무가 있다."고 한다. 그리고 이 의무를 위반한 경우에 제570조의 담보책임이 발생한다.

2) 의무의 구체적인 내용

① 매도인의 재산권이전의무는 결과채무이므로, 매수인이 소유권을 취득하면 그 의무는 소멸한다.

② 또한 매도인의 재산권이전의무는 당사자 사이에 특약이 없는 한 제한이나 부담이 없는 완전한 소유권을 이전하여야 할 의무이다. 따라서 매매목적부동산에 관해 제3자 명의

로 저당권등기나 가등기 또는 가압류등기가 경료 되어 있는 경우에, 매도인은 원칙적으로 이러한 등기를 말소하여 완전한 소유권이전등기를 경료 하여 주어야 하는바, 매수인은 매도인이 그러한 등기의 말소에 필요한 서류의 교부가 있을 때까지 매매대금의 지급을 거절 할 수 있다(제568조 제2항, 제536조 제1항).

③ 한편 제 568조 제2항에서 규정하고 있는 매도인의 재산권이전의무와 매수인의 대금지급의무 사이의 동시이행관계는 부동산매매에서 매도인의 목적물인도의무도 대금지급의무와 마찬가지라고 하겠다. 이에 대해서는 판례도 같은 입장이다(대판 2001. 7. 27, 2001다27784 · 27791). 즉 "부동산의 매매계약이 체결된 경우에는 매도인의 소유권이전등기의무 또한 목적물의 인도의무와 매수인의 잔대금지급의무는 동시이행의 관계에 있는 것이 원칙"이라고 한다. 이러한 해석론이 제568조 제2항의 법문에 반하는 듯하지만, 점유의 이전을 요하는 통상의 매매에서 당사자의 의사를 고려한다면, 원칙적으로 목적물인도의무도 동시이행관계에 있다 할 것이다. 요컨대 위 조항의 재산권이전의무는 목적물인도의무를 포함한다고 하겠다. 그리고 도지기래허가구역 내 토지의 매매에서는 매도인의 신고필증 제공의무도 매수인의 의무와 동시이행관계에 있다고 본다(92다56490).

〖 관련판례 〗 (대판 2001. 7. 27, 2001다27784 · 27791)

[1] 쌍무계약인 매매계약에서 매수인이 선이행의무인 잔금지급의무를 이행하지 않고 있는 사이에 매도인의 소유권이전등기의무의 이행기가 도과한 경우, 매도인과 매수인 쌍방의 의무가 동시이행 관계에 있게 되는지 여부(적극) [2] 소유권이전등기청구권이 가압류되어 있어 가압류를 해제하여야만 소유권이전등기를 경료 받을 수 있는 자가 그 목적물을 매도한 경우, 매수인은위 가압류가 해제되어 완전한 소유권이전등기를 경료 받을 때까지 동시이행의 항변권을 행사하여 매매잔대금의 지급을 거절할 수 있는지 여부(적극)

[재판요지]

[1] 쌍무계약인 매매계약에서 매수인이 선이행의무인 분양 잔대금 지급의무를 이행하지 않고 있는 사이에 매도인의 소유권이전등기의무의 이행기가 도과한 경우, 분양 잔대금 지급

채무를 여전히 선이행하기로 약정하는 등 특별한 사정이 없는 한 매도인과 매수인 쌍방의 의무는 동시이행 관계에 놓이게 된다. [2] 소유권이전등기청구권이 가압류되어 있어 가압류의 해제를 조건으로 하여서만 소유권이전등기절차의 이행을 명받을 수 있는 자가 그 목적물을 매도한 경우, 위 가압류를 해제하지 아니하고서는 자신 명의로 소유권이전등기를 경료 받을 수 없고, 따라서 매수인 명의로 소유권이전등기도 경료하여 줄 수가 없으므로, 그러한 경우에는 소유권이전등기청구권의 가압류를 해제하여 완전한 소유권이전등기를 경료하여 주는 것까지 동시이행관계에 있는 것으로 봄이 상당하고, 위 가압류가 해제되지 않는 이상 매수인은 매매잔대금의 지급을 거절할 수 있다.

【 관련판례 】 (대판 1993. 8. 24, 92다56490) 

가. 토지거래신고구역 내에 있는 토지에 대한 매매계약에 있어 토지거래계약 신고필증의 제공 없이 매도인이 한 계약해제 의사표시의 효력

나. 매수인이 양도소득세를 부담하기로 하는 약정이 있는 경우 매도인의 소유권이전등기의무와 매수인의 양도소득세액 제공의무와의 관계

다. 쌍무계약의 당사자 일방이 한 번 현실의 제공을 하였으나 상대방이 수령을 지체한 경우 상대방은 동시이행의 항변권을 상실하는지 여부

[재판요지]

가. 부동산등기법 40조 1항 4호, 부동산등기특별조치법 5조 2항, 국토이용관리 법 21조의 7의 규정에 의하면, 토지거래신고 구역 내에 있는 토지에 대한 소유권 이전등기를 함에 있어서는 토지거래계약 신고필증이 첨부되어야 하는 것이므로, 매수인의 매매계약상의 의무와 매도인의 신고필증 제공의무는 동시이행의 관계 에 있다고 볼 것이고, 따라서 신고필증의 제공 없이 한 매도인의 매매계약 해제 의 의사표시는 적법하다고 할 수 없다.

나. 부동산의 매매계약 시 그 부동산의 양도로 인하여 매도인이 부담할 양도 소 득세를 매수인이 부담하기로 하는 약정이 있는 경우, 매수인이 양도소득세를 부 담하기 위한 이행제공의 형태, 방법, 시기 등이 매도인의 소유권이전등기의무와 견련 관계에 있는 경우에는 매도인의 소유권이전등기의무와 매수인의 양도소득세액제공의무는 동시이행의 관계에 있다고 봄이 상당하다 .

다. 쌍무계약의 당사자 일방이 먼저 한번 현실의 제공을 하고, 상대방을 수령 지체에 빠지

게 하였다 하더라도 그 이행의 제공이 계속되지 않는 경우는 과거에 이행의 제공이 있었다는 사실만으로 상대방이 가지는 동시이행의 항변권이 소멸 하는 것은 아니다.

3) 민법제 587조에 규정한 과실의 귀속과 대금의 이자에 대한 해석

① 아직 인도하지 않은 매매목적물에서 생긴 과실은 매도인에게 속하며, 이행기후의 것이라도 인도할 필요가 없다. 이는 인도 시까지 매수인이 대금의 이자를 지급하여야 할 의무가 없음에 대응하는 것이다. 그런데 동조는 대금지급과 목적물인도가 동시이행관계에 있는 통상의 경우를 전제로 한 것이고, 만일 당사자들이 대금지금이나 목적물인도 등의 이행 기한을 별도로 설정하였다면, 과실의 귀속이나 지연 배상은 그 기한 도래 후에야 가능하다는 점에 주의할 것이다.

② 제587조에 관한 판례의 태도는 다음과 같이 정리될 수 있다.

㉠ 매매목적물이 인도되지 않고 대금도 완제하지 않은 경우에, 과실은 매도인에게 귀속된다. 매도인의 이행지체가 있더라도 과실은 매도인에게 귀속되고, 따라서 매수인은 매도인의 인도의무의 지체로 인한 손해배상금의 지급을 구할 수 없다. 마찬가지로 매매목적물이 인도되지 않았다면, 매수인이 매매대금에 관하여 이행지체에 빠졌다 하더라도 대금에 대한 지연이자의 지급을 구할 수는 없다. 양자는 동시이행관계에 잇기 때문이다.

㉡ 매매목적물이 인도되지 않았더라도 매수인이 대금을 완제하면 그 시점 이후의 과실은 매수인에게 귀속된다. 반면 대금이 완제되지 않은 경우에 과실은 매도인에게 속한다.

㉢ 매매목적물이 인도된 경우에, 매수인은 그 목적물의 과실을 수취할 수 있으나 그 대신, 대금에 관하여 법정이자를 지급하여야 한다. 매수인이 목적물은 인도받고, 그에 대한

대금은 지급하지 않고 있기 때문에 기한의 이익을 상실하게 된다는 의미다.

㉣ 쌍무계약이 취소된 경우에, 선의의 매수인은 수령한 매매목적물로부터 수취한 과실을 반환할 필요가 없으므로, 동시에 선의의 매도인도 수령한 매매대금으로부터 수취한 이자를 반환할 필요가 없다.

③ 법률에 다른 규정이 없는 한 과실수취권은 물건에 대한 권리의 성격으로부터 도출되는 것이지 제587조와는 무관하다. 따라서 동조는 매매목적물을 인도하였음에도 불구하고 매수인을 이행지체에 빠뜨리지 못한 예외적인 경우에도, 당사자 사이에 다른 합의가 없는 한 매도인은 인도의 시점부터 형평의 관점에서 인정되는, 지연이자 성격의 법정이자의 지급을 구할 수 있도록 하는 것이라고 이해되어야 한다.

(2) 매수인의 대금지급의무

1) 지급시기

매매의 당사자 일방에 대한 의무이행의 기한이 있는 때에는 상대방의 의무이행에 대하여도 동일한 기한이 있는 것으로 추정한다(제585조). 대금에 관한 기한의 약정이 없는 경우는 계약 성립 후에 언제든지 상환으로 이행을 청구할 수 있다.

2) 지급장소

대금은 목적물인도와 동시에 지급할 경우에는 그 인도 장소에서 지급해야 한다(제586조). 이는 상호 간편성을 위한 규정이다.

3) 대금의 이자

대금지급채무는 목적물 인도와 동시이행의 관계이다. 그래서 인도하지 아니한 과실에 대해서는 매도인에게 속한다(제587조). 그래서 이에 대응해서 매수인도 목적물과 마찬가지로 보고, 그 이자를 지급하지 않아도 된다. 그리고 대금지급 기한이 목적물의 인도 후로 정해진 경우에는 목적물의 인도를 받았다고 하더라도 그 기한이 도래하기 까지는 매수인이 지급하는 대금에 이자를 지급할 필요가 없게 된다(제587조). 반면 목적물을 인도받고는 손해배상에 해당하는 성질의 지연이자를 지급할 의무가 발생한다(제587조 제2문).

(3) 대금지급 거절권

민법에는 매수인의 대금지급 거절권과 공탁청구권을 규정하고 있다(제588, 589조). 이는 매수인에 대한 매도인의 담보책임에 따른 권리다. 즉 권리의 목적물에 대해 권리의 전부나 일부에 대한 권리주장을 하는 경우가 있게 되면 그 권리의 일부나 전부를 잃게 되는 위험에 대해 행하는 것으로 사후구제수단이 담보책임에 대응하여 사전구제수단으로서의 역할을 한다. 이때는 제3자가 권리를 주장하는 자가 있어야 한다. 그로 인해 권리를 잃을 염려가 있어야 한다.

이에 대해 매도인은 공탁을 청구할 수 있다. 매도인의 공탁에 대해 매수인은 공탁하지 않으면 거절권을 잃는 것으로 해석된다. 그리고 매도인은 매수인이 권리를 잃을 염려가 없게 된 후에만 공탁금을 수령할 수 있다.

(4) 매수인의 목적물 수령의무

매수인에게 목적물을 수령할 의무가 있는지에 대해서는 학설이 대립한다. 이는 채권자 지체에 대해 그 성질을 채무불이행책임으로 보느냐 아니면 법정책임으로 보느냐에 따라 다르다고 하겠다. 전자에 의하면 인정한다. 그러나 후자에 의할 경우는 목적물 수령의무를 부정하고 있다.

생각건대 매수인에게는 목적물수령의무가 있다고 하겠다. 왜냐하면 채권자인 매수인에게도 매도인의 목적물 인도에 따른 변제의 제공에 따른 협력의무가 있고, 이에 대한 책임이 있다고 보기 때문이다. 가령 매도인이 부동산을 매도하고도 매수인이 목적물을 이전해 가지 않는다면 그에 대한 세금 등 여러 가지재산상의 불이익도 감수해야 하기 때문이다.

따라서 매수인에게는 목적물의 수령의무가 있다고 본다.

4. 매도인의 담보책임

매매에서 매수인은 담보책임이 있을 수 없다. 매수인은 대금을 지급하면 되고 이는 채무불이행으로 될 뿐 이에 대한 하자문제가 발생할 여지가 없기 때문이다. 따라서 매매에서 담보책임이라면 매도인의 담보책임이라고 할 것이다. 이러한 매도인의 담보책임에는 목적물의 성질상 법률상의 흠(하자)에 대한 것이다. 하자는 계약체결 전부터 목적물의 이전까지의 시점에 존재한 것이나, 이중에서 계약체결 이 후에 발생된 채무자의 귀책사유(제374조 참조)에 의한 채무불이행(제390조)에 의하는 경우를 제외한 나머지의 하자에 대한 것이다. 이를 객체에 따라 분류하면 다음과 같다.

(1) 매도인의 담보책임 유형

1) 권리의 하자 ① 권리전부(제569~571조)
② 권리일부(제572~573조)
③ 수량부족 · 일부멸실(제574조)
④ 용익권에 의한 제한(제575조)
⑤ 저당권 · 전세권에 의한 제한(제576조)

2) 물건의 하자(제580조) ① 특정물
② 불특정물(종류물)

3) 경매와 매도인의 담보책임(제578조)

4) 채권매매와 매도인의 담보책임

(2) 구제 수단

매도인에 대한 담보책임으로 매도인에게 선의인 경우에도 책임이 있다. 매수인에게는 선의를 요함이 보통이다. 결국 매수인에게 고의 · 과실이 있는 여부에 따라 책임내용을 달리 한다. 매도인에게 고의 · 과실이 있는 경우에 채무불이행책임을 묻는 것이 배제되지 않는다. 담보책임에 대한 규정은 매매계약이 유상계약인 점을 고려해서 매수인 보호를 위해 매도인에게 유책사유가 없는 경우에도 일정한 범위에서 매도인에게 책임을 지우는 특별규정일 뿐이며, 매매목적 재산권이나 목적물에 흠이 있는 경우 전부를 배타적으로 규율하려는 것은 아니다.

따라서 매수인에게도 담보책임의 요건을 구성하면 그에 책임을 물을 수도 있다는 의미다. 그렇다면 담보책임에 대한 매도인과 매수인의 구제수단이 있을 수 있다는 의미다.

1) 매수인 ① 해제권

계약해제권은 목적달성이 불능의 경우에만 인정된다.

② 손해배상 청구권

매도인의 담보책임에서 매수인은 매도인이 선의의 경우에만 인정된다.

③ 대금감액 청구권

대금감액 청구권은 타인의 권리를 매도한 경우에 그 권리의 일부가 타인에게 귀속된 경우 등이다.

④ 완전물 급부청구권

완전물 급부청구권은 종류물에서의 완전물 급부청구권이 인정된다.

2) **매도인 – 해제권**(타인의 권리매매에서만 발생 한다. 이는 담보책임이 아니다)

이는 매수인에게는 특별한 경우가 아니면 담보책임을 물을 수 없기 때문이다. 그러나 판례는 매수인에게도 담보책임의 요건을 구비한 경우에는 물을 수 있고, 채무불이행책임의 요건이 갖추어지면 그 요건을 입증하여 채무불이행책임을 물을 수도 있다고 한다(대판 1993. 11. 23, 93다37328).

▶ 담보책임내용

<table>
<tr><th colspan="2" rowspan="2">하자유형</th><th rowspan="2">선의,
악의</th><th colspan="4">매수인의 권리(=담보책임의 내용)</th></tr>
<tr><th>해제권</th><th>손해배상청구</th><th>대금감액청구</th><th>제척기간</th></tr>
<tr><td rowspan="4">타인의 권리를 매매한 경우</td><td rowspan="2">전부귀속
(제570조)</td><td>선의</td><td>인정</td><td>인정</td><td rowspan="2">부정</td><td rowspan="2">없음</td></tr>
<tr><td>악의</td><td>인정</td><td>부정</td></tr>
<tr><td rowspan="2">일부귀속
(제572조)</td><td>선의</td><td>일정한 경우 인정</td><td>인정</td><td rowspan="2">인정</td><td rowspan="2">제573조</td></tr>
<tr><td>악의</td><td colspan="2">부정</td></tr>
<tr><td rowspan="7">제한된 권리 혹은 상실될 권리를 매매한 경우</td><td rowspan="2">용익제한
(제575조)</td><td>선의</td><td>목적달성 불능 시 인정</td><td>인정</td><td>부정</td><td>제575조 제3항</td></tr>
<tr><td>악의</td><td colspan="4">부정</td></tr>
<tr><td>권리상실
(제576조, 제577조)</td><td>선의, 악의</td><td>일정한 경우 인정 혹은 상환청구</td><td rowspan="2">일정한 경우에 인정
(제3항)</td><td rowspan="2">부정</td><td rowspan="2">없음</td></tr>
<tr><td colspan="3">→제570조의 내용과 유사하게 됨</td></tr>
<tr><td rowspan="2">수량부족, 일부멸실</td><td>선의</td><td>일정한 경우 인정</td><td>인정</td><td>인정</td><td>제573조</td></tr>
<tr><td>악의</td><td colspan="4">부정</td></tr>
<tr><td colspan="3">제574조→매수인의 선의에 한해 제572조와 같음</td><td colspan="3"></td></tr>
</table>

물건의 하자 담보	특정물 (제580조)	선의 + 무과실	목적달성 불능 시 인정	인정	하자보수 청구권 인정 (이은영, 230면)	제582조
		악의	부정			
	→제575조 1항을 준용					
	종류물 (제581조)	선의 + 무과실	목적달성 불능 시 인정	인정	완전물 급부 청구	제582조
		악의	부정			
	→제580조 1항을 준용					

5. 매도인의 담보책임의 유형별 내용

(1) 의의와 성질

담보책임이란 매매에서 매수인이 취득하는 권리의 하자 또는 권리의 객체인 물건의 하자가 있는 경우에 매도인이 매수인에 대하여 부담하는 책임을 매도인의 담보책임이라 한다. 담보책임의 법적성질은 법정책임이다(제580조). 이는 연혁적으로 된 것이고, 본질에 있어서는 채무불이행책임이라고 하겠다. 또한 매도인의 담보책임은 매도인의 고의 · 과실을 문제 삼지 않는 무과실책임이라고 함이 다수의 견해다.

담보책임의 종류로는 권리와 물건 그리고 경매 등으로 구분된다. 이러한 규정은 매매 이외에 다른 유상계약에도 준용된다(제567조).

(2) 담보책임과 그 발생 내용

1) 권리에 대한 책임

① 권리의 전부가 타인에게 속하는 경우

㉠ 요건

타인의 권리도 매매의 목적이 될 수 있다. 다만 매도인은 그 권리를 취득하여 매수인에게 이전하여야 할 의무를 진다(제569조). 이때 매도인이 이러한 이전의무를 이행하지 못하면 담보책임이 있다.

㉡ 책임의 내용

- 계약해제권

  매수인의 선의 · 악의와 관계없이 계약을 해제할 수 있다(제570조).

- 손해배상청구권

  이와 관련해서 매수인이 계약 당시에 선의의 경우만이 손해배상청구권을 갖는다(제570조 단서). 이때의 손해배상액은 이행이익이라고 함이 판례의 입장이다(92다37727).

- 제척기간

  기간이 없다.

㉢ 선의의 매도인의 계약해제권

② 권리의 일부가 타인에게 속하는 경우

㉠ 요건

매매의 목적인 권리의 일부가 타인에게 속하기 때문에 매도인이 그 부분의 권리를 매수인에게 이전할 수 없는 경우에, 매도인의 담보책임이 발생한다.

㉡ 내용(제572조 제1항~573조)

- 대금감액 청구권

매수인은 매매대금의 감액을 청구할 수 있다.

- 계약해제권

매수인은 권리의 일부가 타인에게 속해 이전되지 못하는 경우는 매매계약을 해제할 수 있다.

- 손해배상청구권

매수인이 매도인에게 갖는 손해배상의 범위는 이행이익의 상당액이다.

- 제척기간

매수인이 선의이면 그 사실을 알고부터 1년 내에, 악의인 경우에는 계약 한 날로부터 1년 내에 행사해야 한다.

【 **최근판례** 】(매매목적인 권리의 일부가 타인에게 속한 경우)

대판 2009.7.23. 2009다33570은 "매매계약에서 건물과 그 대지가 계약의 목적물인데 건물의 일부가 경계를 침범하여 이웃 토지 위에 건립되어 있는 경우에 매도인이 그 경계 침범의 건물부분에 관한 대지부분을 취득하여 매수인에게 이전하지 못하는 때에는 매수인은 매도인에 대하여 민법 제572조를 유추적용하여 담보책임을 물을 수 있다. 그리고 그 경우에 이웃 토지의 소유자가 소유권에 기하여 그와 같은 방해상태의 배제를 구하는 소를 제기하여 승소의 확정판결을 받았으면, 다른 특별한 사정이 없는 한 매도인은 그 대지부분을 취득하여

매수인에게 이전할 수 없게 되었다고 봄이 상당하다"고 하였다.

③ 목적물의 수량부족 또는 일부 멸실의 경우(제574조)

㉠ 요건

당사자가 수량을 지정해서 매매한 경우에 목적물의 수량이 부족한 때에는 소유권의 수량에 감소가 생기고, 매매의 목적물의 일부가 계약 당시에 이미 멸실한 경우에도 역시 권리의 일부 멸실에 해당한다.

㉡ 내용

책임의 내용은 권리의 일부가 타인에게 속하는 이행불능인 경우와 같이 매도인의 담보책임과 같으나, 악의의 매수인에 대해서는 책임지지 않는다는 것이다(제574조).

- 대금감액청구권

  선의의 매수인의 경우에만 인정된다.

- 계약해제권

  선의의 매수인만 계약 당시에 잔존하는 것만으로는 매매하지 않았을 것이라고 할 만한 사정이 있는 때에 한해서 해제권 인정

- 손해배상청구권

  선의의 매수인에 한해서 인정된다.

- 제척기간

  선의의 매수인은 그 사실을 알고부터 1년 내에 행사해야 한다.

④ 용익물권 등에 의해 제한되어 있는 경우

㉠ 요건

매매의 목적물이 지상권, 지역권, 전세권, 질권, 유치권 등의 목적이 되어 있는 경우, 목적부동산을 위해 있어야 할 지역권이 존재하지 않는 경우, 목적부동산위에 등기된 임차권이 있는 경우 등에 대해 매도인의 담보책임이 발생한다(제575조).

㉡ 내용

- 계약해제권

  선의의 매수인이 제한물권으로 인해 목적달성을 할 수 없는 경우에는 해제권이 발생(제575조 제1항).

- 손해배상청구권

  선의의 매수인은 해제권과 손해배상청구권을 갖는다. 그러나 목적을 달성 할 수 있는 선의의 매수인은 손해배상청구권만을 행사할 수 있다(제575조 제1항 단서).

- 제척기간

  매수인은 계약해제권과 손해배상청구권을 그 사실을 안 날로부터 1년 내에 행사해야 한다.

⑤ 저당권, 전세권에 의해 제한되어 있는 경우

㉠ 요건

매매의 목적인 부동산 위에 설정된 저당권이나 전세권의 행사로 매수인이 소유권을 취득할 수 없거나 잃은 때, 그리고 매수인이 그의 출재로 그 소유권을 보존한 때에는 매도인의 담보책임이 발생한다. 매수인이 그의 출재로 소유권을 보존한 때란 매수인이 이해관계 있는 제3자로서 피담보채권 또는 전세금반환채권을 변제함으로써 저당권 또는 전세권을 소멸하게 하는 경우를 말한다.

그런데 저당권 전세권이 설정되어 있는 것만으로는 담보책임을 지는 것은 아니다.

【 최근판례 】 (제한물권에 대한 하자)

대판 2011.5.13. 2011다1941은 "가압류목적이 된 부동산을 매수한 사람이 그 후 가압류에 기한 강제집행으로 부동산소유권을 상실하게 되었다면 이는 매매의 목적부동산에 설정된 저당권 또는 전세권의 행사로 인하여 매수인이 취득한 소유권을 상실한 경우와 유사하므로, 이와 같은 경우 매도인의 담보책임에 관한 민법 제576조의 규정이 준용된다고 보아 매수인은 같은 조 제1항에 따라 매매계약을 해제할 수 있고, 같은 조 제3항에 따라 손해배상을 청구할 수 있다고 보아야 한다"고 하였다. 반면 대판 2007.4.26. 2005다34018 · 34025는 "임대차계약에 기한 임차권(임대차보증금반환청구권을 포함한다)을 그 목적물로 한 매매계약이 성립한 경우, 매도인이 임대인의 임대차계약상의 의무이행을 담보한다는 특별한 약정을 하지 아니한 이상, 임차권매매계약 당시 임대차목적물에 이미 설정되어 있던 근저당권이 임차권매매계약 이후에 실행되어 낙찰인이 임대차목적물의 소유권을 취득함으로써 임대인의 목적물을 사용 · 수익하게 할 의무가 이행불능으로 되었다거나, 임대인의 무자력으로 인하여 임대차보증금반환의무가 사실상 이행되지 않고 있다고 하더라도, 임차권매도인에게 민법 제576조에 따른 담보책임이 있다고 할 수 없고, 이러한 법리는 임차권을 교환계약의 목적물로 한 경우에도 마찬가지"라고 하였는데, 매매의 목적은 임차권이고, 저당권은 임대차목적물에 설정된 것이라는 저에서 앞의 경우와 다르다.

㉡ 내용

– 계약해제권

매수인이 선의 · 악의를 묻지 않고 소유권을 취득할 수 없거나 또는 소유권을 상실한 때에는 계약을 해제할 수 있다(576조 제1항).

- 손해배상청구권

손해배상청구권이 발생하는 경우는 매수인의 선의 · 악의를 묻지 않고 소유권을 취득할 수 없는 경우와 취득한 소유권을 잃은 때이다. 매수인의 출재로 소유권을 보존한 때에는 그 만큼의 상환청구권이 있다(제576조 제2항).

- 제척기간

제한 없다.

② 물건의 하자에 대한 담보책임(제580조)

㉠ 요건

- 매매목적물에 대한 하자는 매매 후에 발생된 하자에 대한 책임이다. 이는 특정물이든 아니든 상관없다.

- 매수인의 선의 및 무과실이어야 매도인에게 담보책임을 물을 수 있다(제580조 제1항).

㉡ 내용

- 특정물 매매의 경우

중대한 하자가 아니면 손해배상만 청구하고 해제권은 없다(제580~575조). 이러한 매수인의 해제권과 손해배상청구권의 제척기간은 하자 발견을 알고부터 6개월 내에 해야 한다(제582조).

【 최근판례 】 (특정물 매매의 하자) 

특정물 하자에 대해서, 대판 2010.4.29. 2007다9139는 "아파트 분양계약에서의 분양자의 채무불이행책임이나 하자담보책임은 분양된 아파트가 당사자의 특약에 의하여 보유하여야 하거나 주택법상의 주택건설기준 등 거래상 통상 갖추어야 할 품질이나 성질을 갖추지 못한 경우에 인정된다."고 하면서, "분양계약을 체결하는 과정에서 일조나 조망, 사생활의 노출차단 등에 관한 상황에 대하여 일정한 기준에 이르도록 하기로 약정이 이루어졌다거나, 수분양자가 일조나 조망, 사생활의 노출차단 등이 일정한 기준에 미치지 아니하는 사정을 설명하거나 고지할 의무가 있음에도 이를 설명 · 고지하지 아니함에 따라 일조나 조망, 사생활의 노출차단 등이 일정한 기준에 이를 것이라는 신뢰를 부여하였다고 일정할 만한 특별한 사정이 없는 한, 아파트 각 동 · 세대의 배치 및 구조, 아파트의 층수, 아파트 각 동 · 세대 사이의 거리 등에 관한 기본적인 계획(이하 '기본적인 건축계획'이라 한다)에 의하여 결정되는 일조나 조망, 사생활의 노출 등에 관한 상황에 대하여 수분양자가 이를 예상하고 받아들여 분양계약에 이르렀다고 봄이 상당하다. 따라서 분양된 아파트가 건축 관계 법령 및 주택법상의 주택건설기준 등에 적합할 뿐만 아니라, 분양계약 체결 다시 수분양자에게 알려진 기본적인 건축계획대로 건축된 경우에는 아파트 각 동 · 세대의 방위나 높이, 구조 또는 다른 동과의 인접거리 등으로 인하여 일정시간 이상의 일조가 확보되지 아니하고 조망이 가려지며 사생활이 노출된다고 하더라도, 위에서 본 바와 같은 특별한 사정이 있지 않는 한, 이를 가지고 위 아파트가 그 분양계약 당시 수분양자에게 제공된 기본적인 건축계획에 관한 정보에 의하여 예상할 수 있었던 범위를 벗어나 분양계약의 목적물로서 거래상 통상 갖추어야 하거나 당사자의 특약에 의하여 보유하여야 할 품질이나 성질을 갖추지 못한 경우에 해당된다고 할 수 없다"고 하였다.

– 불특정물의 경우

특정물에 하자가 발생하면, 특정물에 관한 하자담보책임을 준용하되 매수인이 선의무과실인 경우는 손해배상과 해제권행사를 하지 않고 완전한 목적물을 청구할 수 있다(제581조 제2항).

③ 채권 매도인의 담보책임

채권을 매매의 목적으로 한 경우에 매수인이 채권을 행사하여 만족을 얻지 못하는 것이 채권의 하자이다. 즉 채권의 매도인은 매매의 목적이 된 채권의 존재에 관해 담보책임을 진다. 그러나 그 채무자가 변제할 만한 자력을 갖는다는 점에서는 특약이 없는 한 아무런 책임을 지지 않는다(제579조 제1항, 제3항). 이는 결국채권의 전부나 일부가 타인에게 속하면 제570 내지 573조가, 채권이 전혀 존재하지 않으면 원시적 불능으로 담보책임은 발생하지 않는다. 질권의 목적이면 제576조가, 경매의 목적이면 제578조가, 존재해야 할 담보나 보증이 존재하지 않으면 제575조가 각 적용된다.

④ 경매에 있어서의 담보책임

㉠ 요건

경매에 있어서는 권리의 하자에 관해서만 담보책임이 인정된다. 그러나 목적물에 하자가 있다면 담보책임이 생기지 않는다(제580조 제2항). 즉 공경매인 민사집행법에 의한 강제경매나 임의경매의 경우, 국세징수법에 의한 경매를 말한다. 그러나 사경매는 제외된다(제580조 제2항).

㉡ 내용

i) 해제권과 대금감액 청구권

목적물이 전부 타인의 소유이면 경낙을 해제할 수 있다(제578조 제1항). 매수인인 경낙인은 1차적으로 채무자(매매에서 매도인으로 본다)인 목적물의 소유자에 대해서, 그 채무자가 무자력인 경우에 2차적으로 대금의 배당을 받은 채권자에 대해 대금의 전부 또는 일부의 상환을 요구할 수 있다(제578조 제1항). 그리고 목적물에 저당권, 전세권이 있는 경우는 담보책임이 없고, 가등기가 된 경우는 담보책임이 있다(대판 1986. 8. 23, 88다카560).

ii) 손해배상청구권

채무자나 채권자가 알고 있는 흠결에 대한 책임으로 손해배상책임이 있다(제578조 제3항). 원칙적으로는 손해배상청구권이 없다. 그러나 채무자가 물건 또는 권리의 흠결을 알고 고지하지 아니한 경우에는 채무자에 대해서 채권자가 악의(이를 알고)로 경매를 청구한 때에는 채무자 또는 채권자에 대해 손해배상을 청구할 수 있다.

iii) 제척기간

계약의 해제 · 대금감액 청구권 및 손해배상청구권은 모두 안날로부터 1년 안에 해야 한다(제578조 제1항).

⑤ 담보책임과 동시이행(제583조)

매수인이 매도인에 대해서 담보책임을 묻는 경우에 매도인 측으로부터 이미 수령한 것이 있으면 그것을 반환해야 한다. 이들 양 채무는 서로 밀접한 관계에 있다. 그래서 당사자 사이의 공평을 위해 동시이행관계에 있는 것으로 하였다(제제583조, 제536조).

⑥ 담보책임에 관한 약관

㉠ 면책특약의 유효

매도인의 담보책임에 관한 규정은 강행규정이 아니다. 따라서 당사자 간의 경감, 가중 등을 할 수 있다. 그러나 특약이 신의칙에 반해서는 여전히 담보책임을 면하지 못하다.

㉡ 면책특약의 제한

특약을 하더라도 매도인이 담보책임을 면하는 특약을 하여도, 매수인에게 이를 고지하지 아니하면 그 면책특약은 무효로 된다(재584조).

▶ 담보책임과 채무불이행의 비교

구 분	담보책임	채무불이행책임
성립요건 (매도인의 귀책사유)	담보책임을 채무불이행책임으로 파악한다고 하여도, 하자에 대한 매도인(채무자)의 귀책사유를 책임요건으로 하지 않는 무과실책임이다.	채무자의 고의 · 과실을 전제로 채무의 내용에 좇은 이행을 하지 못한 경우에 책임이 인정되는 과실책임에 기초한다.

책임내용	매수인의 선의·악의	하자에 대한 매수인(채권자)의 선의 · 악의는 담보책임의 효과 내지 내용에 영향을 미친다.	채권자의 선의 · 악의는 책임발생이나 내용에 아무런 영향을 주지 않으며, 단지 채권자의 과실은 과실상계의 기초가된다(제396조).
	계약 해제권	계약해제는 계약의 목적이 달성될 수 없는 경우에 한해 최고 없이 인정된다.	계약을 해제하기 위해서는 채무자의 귀책사유에 기한 채무불이행이 있어야만 하며, 상당한 기간의 최고가 있어야한다(이행지체의 경우).
	손해배상 청구권	매수인이 선의인 경우에만 손해배상청구권이 인정된다(예외: 제576조). 손해배상의 범위에 대해서는 학설상 다툼이 있다.	손해의 발생으로 인해 채권자의 선의 · 악의를 구분하지 않고 손해배상청구권이 인정되며 그 범위는 제390조 및 제393조 1항 · 2항에 의한다.
	권리행사 기간	권리행사에 있어 1년 또는 6개월의 제척기간의 제한을 받는다(다만, 제570조, 576조의 경우에는 제척기간이 없다).	통상의 소멸시효(제162조)에 따른 권리행사의 제한을 받는다.

6. 환매

(1) 환매의 의의와 성질

부동산이나 동산 그리고 그 밖의 재산권에 대해 매도인은 여수한 매매대금과 매수인이 부담한 매매비용을 반환하고 환매할 수 있다(제590조). 그리고 환매대금에 대해서는 특별한 약정이 있으면 그에 의한다. 이 특약은 매매계약과 동시에 해야 한다. 이는 매매계약의 종된 계약이다. 부동신이 객체일 경우에는 등기해야 제3자에게 대항력이 생긴다(제592조). 다만 환매등기 후에 제3자의 저당권 등기가 마쳐진 경우, 매도인이 환매기간 내에 적법하게 환매권을 행사하면 제3자의 저당권은 소멸한다고 한다(대판 2002. 9. 27, 2000다27411).

(2) 환매의 요건

민법에는 환매기간을 정하고 있다. 부동산은 5년, 동산은 3년을 넘지 못한다(제591조). 약정기간이 이를 넘기면 부동산은 5년, 동산은 3년으로 단축한다.

(3) 환매의 실행과 효과

환매는 매도인이 환매기간 내에 환매대금을 제공하고 환매의 의사표시를 함으로써 두 번째의 매매, 즉 환매가 성립한다(제594조 제1항). 그러나 환매의 의사표시를 했다고 해도 등기를 하지 않으면 그사이에 한 가압류권자에 대항하지 못한다(대판 1990. 12. 26, 90다카16914). 환매권은 대위해서 할 수도 있다(제593조).

환매로 인해 매수인은 매도인에게 목적물을 인도해야 하고, 매도인은 매수인에게 환매대금을 지급할 의무가 발생한다.

제3절 교 환

1. 의의 및 성질

교환은 당사자 쌍방이 금전 이외의 재산권을 상대에게 서로 이전할 것을 약정함으로써 성립하는 계약이다. 교환은 목적물이 금전 외의 재산권에 한한다는 점에서 다르지만, 매매와 마찬가지로 낙성 · 쌍무 · 유상 · 불요식의 계약이다. 예컨대 금전이외라고 하면 주식 등 기타의 권리를 양도하는 경우를 말한다.

2. 보충금 지급의 약정

(1) 교환하는 목적물 내지 재산권의 가격이 균등하지 않아서 그 차액을 보충하는 경우에도 이를 교환으로 보고, 이와 같은 특칙을 둔 것이다. 또한 그 보충금에 관해서는 매매에 관한 규정이 준용된다.

(2) 교환에 의한 목적물에 하자가 있다면, 설사 보증금에 의해 이루어지는 교환의 경우라고 하더라도 여전히 교환에 의해 재산권의 이전이기에 제570조(매도인의 담보책임)를 준용함이 타당하다고 본다(대판 2002. 10. 11, 2011다7445).

제4절 소비대차

1. 소비대차의 의의 및 성질

(1) 소비대차는 당사자 일방, 즉 대주가 금전 기타 대체물의 소유권을 상대방, 즉 차주에게 이전할 것을 약정하고, 상대방은 동종 · 동질 · 동량의 물건을 반환할 것을 약정함으로써 성립하는 낙성 · 쌍무계약이고, 원칙적으로 이자 없는 소비대차는 편무 · 무상계약이고, 이자부 소비대차는 유상계약이다.

(2) 소비대차는 차주가 목적물의 소유권을 취득하는 점에서 차주가 목적물의 소유권을 취득하지 않고 빌린 물건 자체를 반환하여야 하는 사용대차나 임대차와 구별된다. 이러한 차이는 소비대차의 차주와 달리 사용대차의 차주나 임차인이 계약 또는 목적물의 성질에 의하여 정해진 용법에 따라 목적물을 사용 · 수익하여야 한다는 점으로 나타난다.

2. 성립

(1) 소비대차의 실효와 해제에 관한 특칙

대주가 목적물을 차주에게 인도하기 전에 당사자 일방이 파산선고를 받으면, 소비대차는 그 효력을 잃는다(제599조). 차주가 파산선고를 받으면 신용관계로 기초를 잃게 되어 계약의 효력을 유지하는 것이 타당하지 않으며, 또한 대주가 파산선고를 받은 경우에 차주로 하여금 파산채권자로서 배당에 가입하게 하면서까지 계약의 효력을 유지케 할 필요가 없기 때문이다.

(2) 무이자 소비대차는 목적물이 인도되기 전에 언제든지 계약을 해제하고, 상대에게

생긴 손해를 배상할 책임이 있다(제601조). 차주에 의해 해제되면 대주가 손해를 본다. 이는 무이자의 경우에는 무상 · 편무이기 때문이다. 해제로 인한 손해란, 계약을 대주가 해제하였기 때문에 차주가 다른 사람으로부터 이자부로 신용계약을 해제함으로 얻는 손해의 경우 등이다. 이때의 손해는 채무불이행을 원인으로 함이 아니므로, 이행이익은 손해의 범위에서 제외된다고 하겠다.

3. 준 소비대차

준소비대차란 소비대차계약에 의하지 않고 당사자 일방이 금전 기타의 대체물을 지급할 의무를 지는 경우를 말한다(제605조).

(1) 기존채무를 소멸케 하고 신채무를 성립시키는 계약이다. 이는 경개와 유사하다. 그러나 경개와는 달리 기존채무의 동일성이 유지된다는 점이다. 따라서 기존채무에 존재하는 담보권 · 보증 · 사해행위취소권 등은 그대로 유지된다. 그리고 동시이행항변권도 그대로 유지된다.

(2) 준소비대차가 성립하면 소비대차의 효력이 생긴다. 이때 시효는 언제나 신채무를 기준으로 한다.

4. 소비대차의 효력

(1) 대주는 목적물을 차주에 소유권을 이전해 줄 의무가 잇다(제598조). 이자부의 경우는 제580조 내지 제582조가 적용되고, 무이자부에는 차주는 그 하자 있는 물건의 가액으로 반환할 수 있다(제602조의 2). 이때 담보책임을 진다. 대주의 담보책임의 내용은 하

자담보책임의 내용과 같다(제602조). 그리고 차주의 의무는 목적물 반환의무와 이자부 소비대차의 경우에 이자지급의무이다.

(2) 차주의 목적물 반환의무는 대주로부터 받은 것과 동종 · 동질 · 동량의 물건을 반환하는 것이 원칙이다. 차주는 금전에 갈음하여 받은 물건을 반환하는 것이 아니라, 금전으로 반환하여야 한다. 이때의 금전액은 인도시의 가액이다(대판 1999. 2. 9, 98다51220).

제5절 **사용대차**

1. 사용대차의 의의

(1) 사용대차는 당사자 일방, 즉 대주가 상대방, 즉 차주에게 일정한 물건을 무상으로 사용 · 수익하게 하기 위하여 인도할 것을 약정하고, 상대방은 그 물건을 사용 · 수익한 후 반환할 것을 약정함으로써 성립하는 무상계약이다(제609조). 목적물을 사용하고 되돌려주는 사용대차는 차용물을 그대로 반환한다는 점에서 소비대차와 다르고, 이용의 대가를 지급하지 않는 무상의 계약이라는 점에서 임대차와 다르다. 그런데 사용대차는 무상의 대차이기 때문에 그 경제적 의의가 크지 않다.

(2) 사용대차는 낙성 · 불요식 · 편무 · 무상의 계약이다. 그리고 사용대차는 보통 계속적 채권관계의 성질을 가진다. 또한 사용대차의 객체는 물건이다. 즉 동산 · 부동산만이 목적물이 되고, 그 외에 권리에 관해서는 사용대차와 유사한 무명계약이 성립될 뿐이다.

2. 사용대차의 효력과 종료

(1) 사용대차는 물건만을 객체로 한다. 목적물의 소유권은 차주에게 이전하지 않는다. 그리고 타인의 물건이나 차주 자신의 물건에 대해서도 성립한다. 물건의 하자에 대해서는 증여자의 담보책임에 관한 제559조는 사용대차에 준용된다. 그래서 하자를 알고 한 경우가 아니면 책임이 없다.

(2) 대주의 용익 허용권은 임대차와 달리 차주의 사용 · 수익을 인용하는 소극적인 의무다. 그리고 차주는 목적물을 선관주의의무를 갖고 보관의무가 있고, 목적물을 사용 · 수익의 권리가 있다. 필요비는 당연히 차주가 부담하지만, 유익비를 투입한 경우는 제594조 제2항에 따라 대주에게 그 상환을 청구할 수 있다.

(3) 약정기간이 만료되면 사용대차는 종료한다. 그리고 대주의 해지에 의해 종료된다. 그리고 다음과 같은 사유로 해제하면 사용대차는 종료된다.

1) 차주의 사용수익에 관한 의무를 위반한 경우
2) 반환시기의 약정이 없고, 사용 · 수익에 충분한 기간이 경과한 경우(제613조 제2항 단서).
3) 차주의 사망 또는 파산

(4) 해제

해제의 경우는 무이자 소비대차에 관한 규정을 준용한다(제612조).

1) 대주가 목적물을 인도하기 전에는 언제든지 계약을 해제할 수 있다(제612조, 제601조). 이는 무상소비대차와 같은 취지다.

2) 차주도 목적물 인도전에는 다른 특약이 없는 한 언제든지 해지할 수 있다.

3) 해제로 인한 상대방에게 손해가 발생한 때에는 이를 배상해야 한다.

【 관련판례 】 (대판 1976. 1. 27, 75다1828) 

시기의 약정이 없는 사용대차의 해지

[재판요지]

사용대차계약에 있어서 그 목적물이 도로부지라 하더라도 그 사용수익에 족한 기간이 경과되었을 때에는 대주는 언제든지 계약을 해지할 수 있고 차주인 지방자치단체가 사용대차 계약해지 이후 부동산을 점유하고 있는 는 것은 불법점유이므로 이로 인한 손해배상책임을 면할 수 없다.

제6절 고 용

1. 고용의 개념

(1) 고용은 당사자 일방이 상대방에 노무를 공급하고, 그 상대방은 대가로 보수를 지급받는 것을 약정하는 유상계약이다(제655조). 이는 사용자는 지휘 · 감독권을 갖고, 노무자는 노무의 제공 그 자체를 목적으로 하는 노 · 사간에 지시 · 복종의 관계가 형성되는 특성을 가진다. 보수의 지급은 그 요소다. 만약 보수의 지급이 없다면 고용이 아니다.

(2) 민법상의 고용은 낙성 · 쌍무 · 유상의 불요식계약이다.

2. 효력과 종료

(1) 고용계약이 성립되면 노무자는 스스로 노무를 급부해야 하고, 사용자는 보수를 노무자에 직접 지급할 의무가 있고, 노무자를 보호하고 부조할 의무를 부담한다. 보수의 지급은 특약이 없다면 후급이 원칙이다(제656조).

(2) 노무자는 사용자 동의 없이는 제3자에 양도 못하고, 사용자도 노무자 동의 없이 그 권리를 제3자에 양도 못한다. 노무자의 복종의무와 성실의무를 진다. 특약이 있다면 경업금지의무도 진다.

【 관련판례 】 (대판 1997. 6. 13, 97다8229)－경업금지

퇴직사원의 영업비밀 침해행위에 대하여 회사와의 사이에 침해행위 중지 및 위반 시의 손

해배상약정금을 정한 합의가 이루어진 경우, 그 합의서의 해석상퇴직사원에 대한 경업금지 의무를 인정한 것이 직업선택의 자유를 보장한 헌법규정에 위반되지 않는다고 본 사례

[재판요지]

회사가 다이아몬드공구의 제조공정에 있어서 일반적 지식 또는 기능이라고 할 수 없는 특수한 기술상의 비밀정보를 가지고 있고 이러한 비밀정보는 일종의 객관화된 지적재산이므로, 퇴직사원의 영업비밀 침해행위에 대하여 회사와의 사이에 침해행위 중지 및 위반 시 손해배상약정금을 정한 합의가 이루어진 경우, 그 합의서의 내용을 회사의 영업 비밀을 지득하는 입장에 있었던 사원들에게 퇴직 후 비밀유지의무 내지 경업금지의무를 인정하는 것으로 해석하는 것이 직업선택의 자유에 관한 헌법규정에 반하지 않는다고 한 사례.

(3) 고용은 약정기간이 3년을 넘거나 종신으로 된 경우는 3년 후에는 각 당사자는 언제나 해지통고를 할 수 있다(제659조). 기간의 약정이 없다면 당사자는 언제나 해지가능하다. 이땐 통고받고 1월이 경과하면 그 효력이 생긴다(제660조). 예컨대 월급으로 보수를 정한 경우에는 3월 중에 해지통고를 했다면 4월이 지난 5월 1일부터 고용은 종료된다(제660조 제3항). 이와는 별도로 사용자가 파산한 경우는 고용기간의 약정이 있다고 해도 파산관재인이나 노무자는 계약을 해지할 수 있다.

3. 고용과 비교되는 계약

고용처럼 노무공급계약에 속하는 것으로 도급, 현상광고, 위임, 임치 등이 있다. 이를 비교함에는 일신 전속적이라는 점(도급과 비교), 계속적 채권관계라는 점(현상광고와 비교), 유상의 계약만이고 사용자에 복종해야 하는 점(위임과 비교), 노무의 제공이 한정되지 않고 계속적이고, 헌법 내지 근로기준법의 적용을 받는다는 점(임치와 비교) 등이 고용의 특징이다.

【 **관련판례** 】 (대판 2000..12. 22, 99다55571)

[1] 구 사립학교법 제53조의2 제3항의 입법 취지 및 기간을 정하여 임용된 사립대학의 교원의 신분관계는 임용기간의 만료로써 당연히 종료되는지 여부(한정 적극) [2] 사립학교 교원의 임용계약의 법적 성질 [3] 사립학교 교원의 임용계약의 경우 당사자가 정관이 정한 임용기간의범위 내에서 임용기간을 정할 수 있으므로 임용기간이 정관에 규정된 기간보다 짧다는 사정만으로는 그 임용기간을 정한 부분이 정관의 규정에 위배되어 무효라고 볼 수 없다고 한 사례에서,

[재판요지]

[1] 구 사립학교법(1997. 1. 13. 법률 제5274호로 개정되기 전의 것) 제53조의2 제3항은 "대학교육기관의 교원은 당해 학교법인의 정관이 정하는 바에 따라 기간을 정하여 임면할 수 있다."고 규정하고 있는바, 이는 사립대학 교원의 임용기간이 만료되면 임면권자는 교원으로서의 적격성을 심사하여 다시 임용할 것인지 여부를 결정할 수 있도록 허용한 취지의 규정으로서 전문성 · 연구실적 등에 문제가 있는 교수의 연임을 배제하여 합리적인 교수인사를 할 수 있도록 하기 위한 것이지 교원의 재임용을 보장하여 임기가 계속되도록 하기 위한 연임보장규정이 아니고, 따라서 기간을 정하여 임용된 사립대학의 교원은 학교법인의 정관이나 인사규정에 재임용의무를 부여하는 근거 규정이 없다면 임용기간의 만료로 그의 대학교원으로서의 신분관계는 당연히 종료되며 임용기간이 만료된 자를 다시 임용할 것인지 여부는 결국 임용권자의 판단에 따른 재량행위에 속하고, 이와 같이 기간을 정하여 임용된 교원의 경우 기간이 만료되면 교원의 신분을 확정적으로 상실하는 것이며 교원의 면직 제한 등 교원의 지위보장에 관한 같은 법 제56조의 규정은 법이 정하는 바에 따라 기간을 정하여 채용된 교원에 대하여 그 기간의 만료로 인한 임용계약관계의 종료까지를 금지하는 규정은 아니다. [2] 사립학교 교원의 임용계약은 사립학교법 소정의 절차에 따라 이루어지는 것이지만 그 법적 성질은 사법상의 고용계약에 다름 아닌 것으로 누구를 교원으로 임용할 것인지 여부는 원칙적으로 당해 학교법인의 자유의사 내지 판단에 달려 있고, 또한 이러한 임용계약에 조건을 붙일 수도 있는 것이며 그 계약이 조건부일 때에는 당연히 그 조건의 성취 여부에 따라 계약의 효력이 좌우된다. [3] 사립학교 교원의 임용계약의 경우 당사자가 정관이 정한 임용기간의 범위 내에서 임용기간을 정할 수 있으므로 임용기간이 정관에 규정된 기간보다 짧다는 사정만으로는 그 임용기간을 정한 부분이 정관의 규정에 위배되어 무효라고 볼 수 없다고 한 사례.

제7절 도 급

1. 도급의 의의

(1) 도급은 당사자 일방, 즉 수급인이 일정한 일을 완성할 것을 약정하고, 상대방, 즉 도급인이 그 일의 결과에 대하여 보수를 지급할 것을 약정함으로써 성립하는 낙성 · 유상 · 쌍무계약이다(제664조).

(2) 도급에서 보수의 지급은 일의 완성에 따른 대가관계에 있다. 보수의 종류에는 제한이 없으며, 금전에 한하지 않는다.

2. 도급의 효력과 종료의 특유성

(1) 도급계약이 성립되면 수급인은 일을 완성하여 도급인에게 그 소유권을 귀속시킨다. 이때 완성물에 대한 소유권 귀속이 문제된다. 당사자 간에 특약이 없을 경우에, 그 재료가 도급인의 것이거나 중요부분이 도급인의 것이면 일의 완성으로 도급인에 귀속되고, 가공에 관한 규정이 적용되지 않는다(학설, 판례 일치). 이와 달리 수급인이 재료의 전부를 제공한 경우는 수급인에게 속한다. 그리고 인도로서 도급인에게 속한다(대판 1988. 12. 27, 87다카1138). 당사자 간의 특약이 있으면 이에 의한다.

(2) 수급인은 일을 완성할 의무가 있고, 목적물을 완성해서 인도할 의무를 부담한다. 수급인은 매도인의 담보책임이 발생한다. 유상계약이기 때문이다. 그러나 책임의 내용은 따로 특별규정을 두고 있다(제667조 내지672조). 이는 하자보수 및 손해배상의무이다. 그런데 건물 기타 공작물의 경우는 아무리 중대한 하자가 있어도 그 보수가 전혀 불가능하

다고 해도 도급인은 해제할 수 없다. 다만 손해배상을 청구할 수 있을 뿐이다(제668조). 이에 판례는 해제할 경우에도 미완성부분에 대해서만 효력이 있다고 한다(대판 1989. 12. 26, 88다카32470). 이때 공사 기성고 비율에 따라 상당액의 공사대금이 이미 지급된 경우에는 각각 완성된 소유권을 원시적으로 도급인에게 귀속시키기로 하는 묵시적 합의가 있는 것으로 본다.

【 **관련판례** 】 (대판 1996. 9. 20, 96다24804)

[1] 건물건축 도급계약에 의하여 신축된 건물 소유권의 귀속관계 [2] 건물건축 도급계약 당시부터 건축허가 명의를 도급인으로 하는 등 완성된 건축물의 소유권을 원시적으로 도급인에게 귀속시키기로 하는 묵시적 합의가 있었다고 본 사례에서,

[재판요지]

[1] 일반적으로 자기의 노력과 재료를 들여 건물을 건축한 사람은 그 건물의소유권을 원시취득하고, 다만 도급계약에 있어서는 수급인이 자기의 노력과 재료를 들여 건물을 완성하더라도 도급인과 수급인 사이에 도급인 명의로 건축허가를 받아 소유권보존등기를 하기로 하는 등 완성된 건물의 소유권을 도급인에게 귀속시키기로 합의한 것으로 보여 질 경우에는 그 건물의 소유권은도급인에게 원시적으로 귀속된다. [2] 다가구용 단독주택의 신축공사 도급계약을 체결함에 있어 공사대금은 평당 금 1,500,000원으로 하되 계약 당일에 계약금 금 3,000,000원을, 공사착수 일에 금 15,000,000원을 각 지급하고 나머지 공사대금은 공사완료 후도급인이 주택의 각 가구를 전세 놓아 그 전세금으로 지급키로 약정하고 주택의 신축공사에 있어서 그 건축허가의 명의도 도급인으로 되어 있는 경우, 도급인과 수급인 사이에는 공사 도급계약 당시부터 완성된 건축물의 소유권을 원시적으로 도급인에게 귀속시키기로 하는 묵시적 합의가 있었다고 본 사례.

(3) 도급인은 보수를 지급할 의무가 있고, 수급인은 보수를 청구할 권리가 있다. 이에 대해 수급인에게 부동산공사 수급인의 저당권설정청구권을 부여하고 있다*제666조).

(4) 도급계약에서 특수한 형태의 계약해제권은 공사도중에 해약하려면 도급인이 수급인에게 그때까지의 손해를 배상하고 해제할 수 있다(제673조). 또한 도급인이 도중에 파산하면 수급인 또는 파산관재인이 계약을 해제할 수 있다(제674조).

(5) 일의 완성에 관한 주장, 입증책임은 일의 결과에 대한 보수의 지급을 청구하는 수급인에게 있고, 위 목적물의 인도와 보수의 지급은 동시이행관계에 있다.

【 **관련판례** 】 (대판 2006. 10. 13, 04다21862)

[1] 제작물공급계약의 법적 성질 및 그에 대한 적용 법률 [2] 제작물공급계약에서 보수의 지급시기 및 보수 지급의 요건인 '목적물의인도'의 의미 [3] 제작물공급계약의 당사자들이 보수의 지급시기에 관하여 "수급인이 공급한 목적물을 도급인이 검사하여 합격하면, 도급인은 수급인에게 그 보수를 지급한다."는 내용으로 약정을 체결한 경우, 그 약정이 조건부 약정 또는 순수수의 조건부 약정에 해당하는지 여부(소극) [4] 제작물공급계약의 수급인이 보수의 지급을 청구하는 경우에 주장 · 증명하여야 할 사항

[재판요지]

[1] 당사자의 일방이 상대방의 주문에 따라 자기 소유의 재료를 사용하여 만든 물건을 공급하기로 하고 상대방이 대가를 지급하기로 약정하는 이른바 제작물공급계약은 그 제작의 측면에서는 도급의 성질이 있고 공급의 측면에서는 매매의 성질이 있어 대체로 매매와 도급의 성질을 함께 가지고 있으므로, 그 적용 법률은 계약에 의하여 제작 공급하여야 할 물건이 대체물인 경우에는 매매에 관한 규정이 적용되지만, 물건이 특정의 주문자의 수요를 만족시키기 위한 부대체물인 경우에는 당해 물건의 공급과 함께 그 제작이 계약의 주목적이 되어 도급의 성질을 띠게 된다. [2] 제작물공급계약에서 보수의 지급시기에 관하여 당사자 사이의 특약이나 관습이 없으면 도급인은 완성된 목적물을 인도받음과 동시에 수급인에게 보수를 지급하는 것이 원칙이고, 이때 목적물의 인도는 완성된 목적물에 대한 단순한 점유의 이전만을 의미하는 것이 아니라 도급인이 목적물을 검사한 후 그 목적물이 계약내용대로 완성되었음을 명시적 또는 묵시적으로 시인하는 것까지 포함하는 의미이다. [3] 제작물공급계약의 당사자들이 보수의 지급시기에 관하여 "수급인이 공급한 목적물을 도급인이 검사하여 합격하면, 도급인은 수급인에게 그 보수를 지급한다."는 내용으로 한 약정은 도급인의 수급인

에 대한 보수지급의무와 동시이행관계에 있는 수급인의 목적물 인도의무를 확인한 것에 불과하므로, 법률행위의 효력 발생을 장래의 불확실한 사실의 성부에 의존하게 하는 법률행위의 부관인 조건에 해당하지 아니할 뿐만 아니라, 조건에 해당한다 하더라도 검사에의 합격 여부는 도급인의 일방적인 의사에만 의존하지 않고 그 목적물이 계약내용대로 제작된 것인지 여부에 따라 객관적으로 결정되므로 순수수의조건에 해당하지 않는다. [4] 도급계약에 있어 일의 완성에 관한 주장 · 입증책임은 일의 결과에 대한 보수의 지급을 청구하는 수급인에게 있고, 제작물공급계약에서 일이 완성되었다고 하려면 당초 예정된 최후의 공정까지 일단 종료하였다는 점만으로는 부족하고 목적물의 주요구조 부분이 약정된 대로 시공되어 사회통념상 일반적으로 요구되는 성능을 갖추고 있어야 하므로, 제작물공급에 대한 보수의 지급을 청구하는 수급인으로서는 그 목적물 제작에 관하여 계약에서 정해진 최후 공정을 일단 종료하였다는 점뿐만 아니라 그 목적물의 주요구조 부분이 약정된 대로 시공되어 사회통념상 일반적으로 요구되는 성능을 갖추고 있다는 점까지 주장 · 입증하여야 한다.

【 **최근판례** 】 (발주자의 수급자에 대한 직접지급의무)

대판 2011. 4. 28. 2011다2029도 "하도급거래 공정화에 관한 법률 제14조 제1항에 따른 발주자의 수급사업자에 대한 직접지급의무의 범위는 특별한 사정이 없는 한 발주자의 원사업자에 대한 대금지급의무를 한도로 하여 해당 수급사업자가 제조 · 수리 · 시공 또는 용역수행을 한 부분에 상당하는 하도급대금에서 발주자가 원사업자에게 이미 지급한 기성공사대금 내역 중 해당 수급사업자의 하도급공사부분의 금액을 공제한 금액 이라고 보아야 한다."고 하였다. 그리고 수급사업자가 발주자에 대하여 하도급공사대금의 직접지급을 구할 수 있는 권리가 발생하는지 여부, 즉 원사업자가 지급정지 · 파산 그 밖에 이와 유사한 사유 등으로 하도급공사대금을 지급할 수 없게 되었는지 여부 등에 관하여 수급사업자의 직접지급요청의 의사표시가 발주자에게 도달한 시점을 기준으로 판단하여야 하며, 여기서 '지급할 수 없게 된 경우', 즉 지급불능은 채무자가 변제능력이 부족하여 즉시 변제하여야 할 채무를 일반적 · 계속적으로 변제할 수 없는 객관적 상태를 말한다(대판 2009. 3. 12. 2008다65839).

【 **최근판례** 】 (지체상금) 

대판 2009. 6. 25. 2008다18932 · 18949는 공사가 도중에 중단되어 예정된 최후의 공정을 종료하지 못한 경우에는 공사가 미완성된 것으로 볼 것이지만, 공사가 당초 예정된 최후의 공정까지 일응 종료하고 그 주요구조부분이 약정된 대로 시공되어 사회통념상 일이 완성되었고 다만 그것이 불완전하여 보수를 하여야 할 경우에는 공사가 완성되었으나 목적물에 하자가 있는 것에 지나지 아니한다고 해석함이 상당하고, 예정된 최후의 공정을 종료하였는지 여부는 수급인의 주장이나 도급인이 실시하는 준공검사 여부에 구애됨이 없이 당해 공사 도급계약의 구체적 내용과 신의성실의 원칙에 비추어 객관적으로 판단할 수밖에 없고, 이와 같은 기준은 공사도급계약의 수급인이 공사의 준공이라는 일의 완성을 지체한 데 대한 손해배상액의 예정으로서의 성질을 가지는 지체상금에 관한 약정에 있어서도 그대로 적용된다고 하였다. 다만 당사자 사이에 건축공사의 완공 후 부실공사와 하자보수를 둘러싼 분쟁이 일어날 소지가 많음이 예상됨에 따라 그러한 분쟁을 사전에 방지할 의도로 통상의 건축공사 도급계약과는 달리 도급인의 준공검사 통과를 대금지급의 요건으로 삼음과 동시에 하자보수공사 후 다시 합격을 받을 때까지 지체상금까지 부담하게 함으로써 공사의 완전한 이행을 담보하기 위해 지체상금의 종기를 도급인의 준공검사통과일로 정하였다고 볼 만한 특별한 사정이 있다면 그에 따라야 할 것이다(대판2010.1.14. 2009다7212 · 7229).

【 **최근판례** 】 (도급에서 담보책임을 물을 수 없다고 본 경우) 

대판 2011. 12. 27. 2009다56993은 "공법관계의 당사자 사이에서는 뚜렷한 법령상 및 계약상 근거 없이 사법상 하자담보책임을 인정할 수는 없다."고, 따라서 비록 택지개발사업 시행자가 설치한 공공시설에 시공상의 하자나 재료상의 하자가 있더라도 공공시설을 무상으로 원시취득 한 국가 등은 뚜렷한 법령상 및 계약상 근거가 없는 한 택지개발사업 시행자에게 사법상 하자담보책임을 물을 수 없다고 하였다.

【 **최근판례** 】(건축물의 하자) 

대판 2010. 12. 9. 2008다16851은 "건축물의 하자라고 함은 일반적으로 완성된 건축물에 공사계약에서 정한 내용과 다른 구조적 · 기능적 결함이 있거나, 거래관념상 통상 갖추어야 할 품질을 제대로 갖추고 있지 아니한 것을 말하는 것으로, 하자 여부는 당사자 사이의 계약 내용, 해당 건축물이 설계도대로 건축되었는지 여부, 건축 관련법령에서 정한 기준에 적합한지 여부 등 여러 사정을 종합적으로 고려하여 판단되어야 한다."고 하였다. 한편 완성 전 성취된 부분의 하자에 관하여 대판 2001. 9. 28. 2001다9304는 "도급계약에 따른 수급인의 하자보수책임은 완성 전의 성취된 부분에 관하여도 성립되는바, 완성 전의 성취된 부분이라 함은 도급계약에 따른 일이 전부 완성되지는 않았지만 하자가 발생한 부분의 작업이 완료된 상태를 말하는 것이"이라고 하였다.

제8절 **현상광고**

1. 현상광고의 의의 및 법적 성질

(1) 현상광고는 광고자가 일정한 행위를 한 자에게 일정한 보수를 지급할 의사를 광고의 방법으로 표시하고, 이에 응한 자가 그 광고에서 정한 행위를 완료함으로써 성립하는 계약이다. 광고자가 지정하는 행위는 사실상의 것이든 법률상의 것이든 상관없으며, 행위의 결과가 누구의 이익으로 되느냐는 것은 문제되지 않는다. 그리고 그 광고에 정한 행위의 완료에 조건이나 기한을 붙일 수 있다.

(2) 현상광고의 법적 성질을 단독행위로 새기는 유력설이 있으나, 일종의 계약으로 이해할 것이다. 계약으로서 현상광고는 유상 · 편무계약이고, 지정된 행위를 완료하면 그 계약이 성립하므로 요물계약이라고 하겠다(제675조).

2. 효력과 우수현상광고

(1) 현상광고는 어느 행위를 한자에 대한 보수를 지급할 것을 약정하는 계약이므로, 광고자가 불특정다수인에 대한 의사표시이다. 그래서 어느 정도 특정의 조건을 갖추고 있는 자를 대상으로 하는 상품의 선전광고나 사원총회소집의 공고, 구인광고, 셋방의 광고 등은 현상광고가 아니다. 그리고 응모자의 일정한 행위를 지정되어야 한다. 그래서 어떤 사실 상태에 대한 이익을 준다는 내용의 취지의 우량아에 대한 상품을 준다는 광고는 현상광고가 아니다.

(2) 현상광고의 효력은 상대방은 보수청구권이 발생한다. 그리고 광고 이전에 이미 지

정행위를 완료하고 있는자도 보수청구권을 취득한다. 이는 준 현상광고에 해당한다(제677조). 그리고 응모기간의 정함이 없다면 무효이다(678조 제1항).

(3) 우수현상광고의 경우는 현상광고를 하면서 응모자 중에서 우수한자에게만 보수를 지급하겠다는 광고이다.(제678조). 우수판정을 받은 응모자는 그때 비로소 보수청구권이 발생한다. 이때 소급효는 없다. 다만 법률행위인 현상광고를 하면서 조건을 붙일 수는 있다.

【 관련판례 】 (대판 2000. 8. 22, 2000다3675)

[1] 민법 제675조 소정의 현상광고상의 지정행위 완료에 조건이나 기한을 붙일 수 있는지 여부(적극) [2] 이른바 '검거'의 의미 [3] 경찰이 탈옥수 신창원을 수배하면서 '제보로 검거되었을 때에 신고인 또는 제보자에게 현상금을 지급한다.'는 내용의 현상광고를 한 경우, 현상광고의 지정행위는 신창원의 거처 또는 소재를 경찰에 신고 내지 제보하는 것이고 신창원이 '검거되었을 때'는 지정행위의 완료에 조건을 붙인 것인데, 제보자가 신창원의 소재를 발견하고 경찰에 이를 신고함으로써 현상광고의 지정행위는 완료되었고, 그에 따라 경찰관 등이 출동하여 신창원이 있던 호프 집안에서 그를 검문하고 나아가 차량에 태워 파출소에까지 데려간 이상 그에 대한검거는 이루어진 것이므로, 현상광고상의 지정행위 완료에 붙인 조건도 성취되었다고 본 사례

[재판요지]

[1] 민법 제675조에 정하는 현상광고라 함은, 광고자가 어느 행위를 한 자에게 일정한 보수를 지급할 의사를 표시하고 이에 응한 자가 그 광고에 정한 행위를 완료함으로써 그 효력이 생기는 것으로서, 그 광고에 정한 행위의 완료에 조건이나 기한을 붙일 수 있다. [2] '검거'라 함은, 수사기관이 범죄의 예방 · 공안의 유지 또는 범죄수사상 혐의자로 지목된 자를 사실상 일시 억류하는 것으로서, 반드시 형사소송법상의 현행범인의 체포 · 긴급체포 · 구속 등의 강제처분만을 의미하지는 아니하고 그보다는 넓은 개념이라고 보아야 한다. [3] 경찰이 탈옥수 신창원을 수배하면서 '제보로 검거되었을 때에 신고인 또는 제보자에게 현상금을 지급한다.'는 내용의 현상광고를 한 경우, 현상광고의 지정행위는 신창원의 거처 또는 소재를 경찰에 신고 내지 제보하는 것이고 신창원이 '검거되었을 때'는 지정행위의 완료에 조건

을 붙인 것인데, 제보자가 신창원의 소재를 발견하고 경찰에 이를 신고함으로써 현상광고의 지정행위는 완료되었고, 그에 따라 경찰관 등이 출동하여 신창원이 있던 호프집 안에서 그를 검문하고 나아가 차량에 태워 파출소에까지 데려간 이상 그에 대한 검거는 이루어진 것이므로, 현상광고상의 지정행위 완료에 붙인 조건도 성취되었다고 본 사례.

제9절 위 임

1. 위임의 의의와 성질

(1) 위임은 당사자 일방, 즉 위임인이 상대방, 즉 수임인에 대하여 사무의 처리를 위탁하고, 상대방이 이를 승낙함으로써 성립하는 낙성계약이다.

(2) 위임도 노무공급계약의 일종이지만, 일정한 사무의 처리라는 통일된 노무를 목적으로 하는 점에 그 특색이 있다. 따라서 수임인은 다소의 재량권을 가지며, 위임인과의 사이에 일종의 신임관계가 생긴다. 그리고 도급은 「일의 완성」을 목적으로 하므로 결과 채무적 성격이 강하지만, 위임은 타인의 사무를 처리하는 활동 자체를 목적으로 하므로 수단 채무적 성격이 강하고, 그 결과 수임인은 선관주의의무를 부담한다.

(3) 사무는 법률행위, 준법률행위, 사실행위를 포함한다. 이는 편무, 무상계약이다. 특약으로 유상으로 계약할 경우에는 유상, 쌍무계약이다. 유상이든 무상이든 언제나 낙성, 불요식계약이다.

2. 수임인과 위임인의 의무

(1) 수인인은 선관주의로서 사무를 처리할 의무를 진다(제681조). 그리고 수임인은 자신이 사무를 처리할 의무를 부담한다. 복대리인을 선임하는 경우에도 복대리인은 그 권한 내에서 본인을 위해서이지 수임인을 위한 것이 아니니다. 그 외 보고의무 등이 있다.

【 **관련판례** 】 (대판 2001. 2. 27, 2000다39629)-선관주의의무

구분건물의 수분양자로부터 소유권이전등기신청절차를 위임받은 법무사가 그 절차를 경료하기 전에 건축주로부터 구분건물의 소유권보존등기절차를 이행하고보관 중이던 등기권리증의 반환을 요구받은 경우, 그 취지를 수분양자에게 통지하여 권리보호를 위한 적당한 조치를 취할 기회를 부여할 의무가 있다고 본 사례

[재판요지]

구분건물의 수분양자로부터 소유권이전등기신청절차를 위임받은 법무사가 그 절차를 경료하기 전에 건축주로부터 구분건물의 소유권보존등기절차를 이행하고 보관 중이던 등기권리증의 반환을 요구받은 경우, 수분양자가 매수인으로서의 의무이행을 완료한 사실을 알고 있었고 건축주가 등기권리증을 이용하여 구분건물을 담보로 제공하고 금원을 차용하려 한다는 것을 예상할 수 있었다면, 건축주의 요청을 거부하거나 그 취지를 수분양자에게 통지하여 권리보호를 위한 적당한 조치를 취할 기회를 부여할 의무가 있다고 본 사례.

(2) 위임인은 원칙적으로 보수지급의무가 없다(제686조). 특별한 경우에는 보수약정을 할 수 있다. 이때 비용은 선급의무다. 이는 비용지급 때까지는 사무를 처리하지 않아도 지체에 대한 책임이 없게 된다(제687조). 위임인은 필요비상환, 채무변제, 손해배상의 의무를 부담한다. 이는 수임인이 위임인에게 지출이후의 이자까지 청구할 수 있다는 것이다(제688조).

【 **관련판례** 】 (대판 1995. 12. 5, 94다50229)-긍정

변호사에게 사건을 위임함에 있어 보수에 관한 명시적인 약정이 없는 경우, 보수청구권의 인정 가부 및 그 보수액 산정시 고려할 사항

[재판요지]

변호사에게 계쟁 사건의 처리를 위임함에 있어서 그 보수 지급 및 수액에 관 하여 명시적인 약정을 아니하였다 하여도, 무보수로 한다는 등 특별한 사정이 없는 한 응분의 보수를 지급할 묵시의 약정이 있는 것으로 봄이 상당하고, 이 경우 그 보수액은 사건 수임의 경위, 사건의 경과와 난이 정도, 소송물 가액, 승소로 인하여 당사자가 얻는 구체적 이익과 소속 변호사회 보수규정 및 의뢰인 과 변호사 간의 관계, 기타 변론에 나타난 제반 사정을 참작하여 결정함이 상당 하다.

반면에, '의사의 치료행위는 진료채무의 본지에 따른 것이 되지 못하거나 손해전보의 일환으로 행하여진 것에 불과하여 병원 측으로서는 환자에 대하여 그 수술비 내지 치료비의 지급을 청구할 수 없다'고 한 판결도 있다(대판 1993. 7. 27, 92다15031).

【 **최근판례** 】 (수임인의 의무)

대판 2008. 10. 9. 2007다87979는 법무사가 판결서에 기한 등기신청을 위임받아 처리하는 경우에, 판결서의 외형과 작성방법에 비추어 그것이 위조된 것이라고 쉽게 의심할 만한 객관적 상황이 없다면, 판결서의 기재사항 중 신청된 등기의 경료와 직접적으로 관련되어 있는 것도 아니고 그 기재방법의 차이로 인하여 판결의 효력에 어떠한 영향도 주지 않는 기재사항까지 일일이 검토하여 그것이 재판서양식에 관한 예규 및 일반적인 작성관행 등에서 벗어난 것인지 여부를 파악한 다음 이를 토대로 그 위조 여부에 관하여 보다 자세한 확인을 하여야 할 주의의무가 있다고는 할 수 없다고 하였다.

2) 부동산 중개업자 : 대판 2008. 3. 13. 2007다73611은 부동산중개업자는 당해 중계대상물

의 권리관계 등을 확인하여 중개의뢰인에게 설명할 의무가 있고, 한편 직접적인 위탁관계가 없다 하더라도 부동산중개업자의 개입을 신뢰하여 거래를 하기에 이른 [거래상대방]에 대해서도 부동산중개업자는 신의성실의 원칙상 목적부동산의 하자, 권리자의 진위, 대리관계의 적법성 등에 대하여 각별한 주의를 기울여야 할 업무상의 일반적인 주의의무를 부담한다고 하면서, 부동산소유자의 인척으로부터 중개를 의뢰받고 적법한 대리권 유무를 조사 · 확인하지 않은 채 중개행위를 한 부동산중개업자의 부동산매수인에 대한 손해배상책임을 인정하였다.

대판 2008. 9. 25. 2008다42836도 부동산중개업자는 비록 그가 조사 · 확인하여 의뢰인에게 설명할 의무를 부담하지 않는 사항이더라도 의뢰인이 계약체결 여부를 결정하는 데 중요한 자료가 되는 사항에 관하여 그릇된 정보를 제공해서는 안 되고, 그릇된 정보를 제대로 확인하지도 않은 채 마치 그것이 진실인 것처럼 의뢰인에게 그대로 전달하여 의뢰인이 그 정보를 믿고 상대방과 계약에 이르게 되었다면, 부동산중개업자의 그러한 행위는 선량한 관리자의 주의로 신의를 지켜 성실하게 중개행위를 하여야 할 중개업자의 의무에 위반된다고 하였다. 그리고 대판 2010. 11. 11. 2009다83629는 중개인 甲이 '시행사 선 분양 아파트'의 위험부담에 관하여 乙등에게 제대로 고지하지 않음으로써 乙등이 판단을 그르쳐 분양계약을 체결한 경우에, 甲은 乙등으로부터 중개를 위임받은 수임인으로서 제681조에 규정된 선량한 관리자의 주의의무를 다하지 아니한 과실로, 乙등이 아파트에 관한 소유권이전등기를 이전받지 못하게 됨으로써 이미 지급한 분양대금 상당의 손해를 입게 되었으므로, 甲은 乙등에게 위 손해를 배상할 책임이 있다고 판단한 원심을 수긍하였다.

그런데 대판 2002. 2. 5. 2001다71484는 부동산중개계약에 따른 중개업자의 확인 · 설명의무와 이에 위반한 경우의 손해배상의무는 이와 성질이 유사한 민법상 위임계약에 있어서 무상위임의 경우에도 수임인이 수임사무의 처리에 관하여 선량한 관리자의 주의를 기울일 의무가 면제되지 않는 점과 부동산중개업법이 제17조 제1항과 제19조 제1항의 적용범위를 특별히 제한하지 않고 있는 점 등에 비추어볼 때, 중개의뢰인이 중개업자에게 소정의 수수료를 지급하지 아니하였다고 해서 당연히 소멸되는 것이 아니라고 하였다. 그리고 대판 2012. 1. 26. 2011다63857은 "중개업자는 다가구주택 일부에 관한 임대차계약을 중개하면서 임차의뢰인이 임대차계약이 종료된 후에 임대차보증금을 제대로 반환받을 수 있는지 판단하는 데 필요한 다가구주택의 권리관계 등에 관한 자료를 제공하여야 하므로, 임차의뢰인에게 부동산 등기부상에 표시된 중개대상물의 권리관계 등을 확인 · 설명하는데 그쳐서는 아니 되고, 임대의뢰인에게 다가구주택 내에 이미 거주해서 살고 있는 다른 임차인의 임대차계약내역 중 개인정보에 관한 부분을 제외하고 임대차보증금, 임대차의 시기와 종기 등에 관한 부분의 자료를 요구하여 이를 확인한 다음 임차의뢰인에게 설명하고 자료를 제시하여야 하며, 공인중개사의 업무 및 부동산 거래신고에 관한 법률 시행규칙 제16조에서 정한 서식에 따른 중개대상물 확인 · 설명서의 중개목적물에 대한 '실제 권리관계 또는 공시되지 아니한 물건의 권리사항'란에 그 내용을 기재하여 교부하여야 할 의무가 있고, 만일 임대의뢰인이 다른 세입자의 임대차보증금, 임대차의 시기와 종기 등에 관한 자료 요구에 불응한 경우에는 그 내용을 중개대상물 확인 · 설명서에 기재하여야 할 의무가 있다. 그러므로 중개업자가 고의나 과실로 이러한 의무를 위반하여 임차의뢰인에게 재산상의 손해를 발생하게 한 때에는 공인중개사의 업무 및 부동산 거래신고에 관한 법률 제30조에 의하여 이를 배상할 책임이 있다" 고 하였다.

【 **최근판례** 】 (수임인이 금융기관의 임원) 

대판 2011. 10. 13. 2009다80521도 "금융기관의 임원은 소속 금융기관에 대하여 선량한 관리자의 주의의무를 지므로, 그 의무를 충실히 한 때에야 임원으로서 임무를 다하였다고 할 것이지만, 금융기관이 그 임원을 상대로 대출과 관련된 임무 해태를 내세워 채무불이행으로 인한 손해배상책임을 물을 경우 임원이 한 대출이 결과적으로 회수곤란 또는 회수불능으로 되었다고 하더라도 그것만으로 바로 대출결정을 내린 임원에게 그러한 미회수금 손해 등의 결과가 전혀 발생하지 않도록 하여야 할 책임을 물어 대출결정을 내린 임원의 판단이 선량한 관리자로서의 주의의무 내지 충실의무를 위반한 것이라고 단정할 수 없다. 대출과 관련된 경영판단을 하면서 통상의 합리적인 금융기관 임원으로서 그 상황에서 합당한 정보를 가지고 적합한 절차에 따라 회사의 최대이익을 위하여 신의성실에 따라 대출심사를 한 것이라면 의사결정과정에 현저한 불합리가 없는 한 임원의 경영판단은 허용되는 재량의 범위 내의 것으로서 회사에 대한 선량한 관리자의 주의의무 내지 충실의무를 다한 것으로 볼 수 있고, 금융기관의 임원이 위와 같은 선량한 관리자의 주의의무에 위반하여 자신의 이무를 해태하였는지는 대출결정에 통상의 대출담당 임원으로 간과해서는 안 될 잘못이 있는지를 대출의 조건과 내용, 규모, 변제계획, 담보의 유무와 내용, 채무자의 재산 및 경영상황, 성장가능성 등 여러 가지 사항에 비추어 종합적으로 판정해야"하고, "대표이사나 이사를 상대로 주식회사에 대한 임무 해태를 내세워 채무불이행으로 인한 손해배상책임을 물을 경우, 대표이사나 이사의 직무 수행상 채무는 미회수금 손해 등의 결과가 전혀 발생하지 않도록 하여야 할 결과채무가 아니라, 회사의 이익을 위하여 선량한 관리자로서의 주의의무를 가지고 필요하고 적절한 조치를 다해야 할 채무이므로, 회사에 대출금 중 미회수금 손해가 발생하였다는 결과만을 가지고 곧바로 채무불이행사실을 추정할 수도 없"으며, "이른바 프로젝트 파이

낸스 대출은 부동산개발 관련 특정프로젝트의 사업성을 평가하여 그 사업에서 발생할 미래의 현금흐름을 대출 원리금의 주된 변제재원으로 하는 금융거래이므로, 대출을 할 때 이루어지는 대출상환능력에 대한 판단은 프로젝트의 사업성에 대한 평가에 주로 의존하게 된다. 이러한 경우 금융기관의 이사가 대출요건으로서 프로젝트의 사업성에 관하여 심사하면서 필요한 정보를 충분히 수집 · 조사하고 검토하는 절차를 거친 다음 이를 근거로 금융기관의 최대이익에 부합한다고 합리적으로 신뢰하고 신의성실에 따라 경영상의 판단을 내렸고, 그 내용이 현저히 불합리하지 아니하여 이사로서 통상 선택할 수 있는 범위 안에 있는 것이라면, 비록 사후에 회사가 손해를 입게 되는 결과가 발생하였다고 하더라도 그로 인하여 이사가 회사에 대하여 손해배상책임을 부담한다고 할 수 없지만, 금융기관의 이사가 이러한 과정을 거쳐 임무를 수행한 것이 아니라 단순히 회사의 영업에 이익이 될 것이라는 일반적 · 추상적인 기대 하에 일방적으로 임무를 수행하여 회사에 손해를 입게 한 경우에는 필요한 정보를 충분히 수집 · 조사하고 검토하는 절차를 거친 다음 이를 근거로 회사의 최대이익에 부합한다고 합리적으로 신뢰하고 신의성실의 원칙에 따라 경영상의 판단을 내린 것이라고 볼 수 없으므로, 그와 같은 이사의 행위는 허용되는 경영판단의 재량범위 내에 있는 것이라고 할 수 없다."고 하였다.

3. 위임의 종료

(1) 위임관계가 종료하는 경우는 임의해지에 의한 경우와 특약에 의한 경우 그리고 당사자의 사망이나 파산 등에 의해서 종료한다(제689, 690조).

(2) 위임에서 해지는 당사자 간의 자유이다. 손해배상의 발생이 있는 경우는 신뢰이익의 배상으로, 상대방의 불리한 시기에 계약을 해지한 때에는 그 상대방이 입은 손해를 배상한다는 취지이다. 이는 위임인이 또다시 다른 사람에게 위임할 수 없게 되거나, 수임인이 기존의 위임사무로 인해 다른 사무를 할 수 없게 된 경우이다(대판 1991. 4. 9, 18968).

(3) 의료계약 같은 특수한 위임계약의 경우에는 수임인이 바뀌는 경우도 있고, 위임인의 파산으로 계약이 종료되는 것도 아니다. 그리고 환자의 상태를 일일이 위임인에게 보고 하지 않을 수도 있다(대판 1988. 12. 13, 85다카1491).

【 **관련판례** 】 (대판 2000. 6. 9, 98다64202)

민법 제689조 제2항에 기하여 부득이한 사유 없이 상대방의 불리한 시기에 위임계약을 해지한 때 배상하여야 할 손해의 범위 및 수임인의 사무처리 완료 전에 유상위임계약을 해지한 것만으로 수임인에게 불리한 시기에 해지한 것으로 볼 수 있는지 여부(소극)

[재판요지]

민법 제689조 제1항은 위임계약은 각 당사자가 언제든지 해지할 수 있다고 하면서 제2항에는 당사자 일방이 부득이한 사유 없이 상대방의 불리한 시기에 계약을 해지한 때에는 그 손해를 배상하여야 한다고 규정하고 있는데, 민법상의 위임계약은 그것이 유상계약이든 무상계약이든 당사자 쌍방의 특별한 대인적 신뢰관계를 기초로 하는 위임계약의 본질상 각 당사자는 언제든지 이를 해지할 수 있고 그로 말미암아 상대방이 손해를 입는 일이 있어도 그것을 배상할 의무를 부담하지 않는 것이 원칙이며, 다만 상대방이 불리한 시기에 해지한 때에는 그 해지가 부득이한 사유에 의한 것이 아닌 한 그로 인한 손해를 배상하여야 하나, 그 배상의 범위는 위임이 해지되었다는 사실로부터 생기는 손해가 아니라 적당한 시기에 해지되었더라면 입지 아니하였을 손해에 한한다고 볼 것이고, 또한 사무처리의 완료를 조건으로 하여 보수를 지급받기로 하는 내용의 계약과 같은 유상위임계약에 있어서는 시기 여하에 불문하고 사무처리 완료 이전에 계약이 해지되면 당연히 그에 대한 보수청구권을 상실하는 것으로 계약 당시에 예정되어 있어 특별한 사정이 없는 한 해지에 있어서의 불리한 시기란 있을 수 없다 할 것이므로, 수임인의 사무처리 완료 전에 위임계약을 해지한 것만으로 수임인에게 불리한 시기에 해지한 것이라고 볼 수는 없다.

제10절 임 치

1. 임치의 의의

(1) 임치는 당사자 일방, 즉 임치인이 상대방, 즉 수치인에 대하여 금전이나 유가증권 기타 물건의 보관을 위탁하고, 상대방이 이를 승낙함으로써 성립하는 낙성 · 불요식의 계약이다. 즉 물건의 보관 자체를 목적으로 하는 계약으로, 계속적 채권관계를 발생시킨다.

(2) 임치는 원칙적으로 무상, 편무계약이다. 보관의 대가로 보수지급을 요소로 하지 않기 때문이다. 당사자 간의 보수를 약정하면 유상 · 쌍무계약이다. 수치인이 목적물을 점유해야 성립하는 것이 아니므로 낙성계약이다(구 민법에서는 요물계약이었다). 임치는 동산에 한하지 않고 부동산도 임치의 객체로 가능하다.

2. 임치의 효력과 종료

(1) 수치인은 목적물을 사용할 권한은 없다(제694조). 무상수치인의 경우는 구체적경과실의 경우에만 책임을 지고, 유상의 경우에는 선관주의의무의 추상적경과실에 대한 책임이 있다.

(2) 수치인은 임치인에게 통지할 의무를 진다(제696조). 임치물에 관해서 제3자가 소유권을 주장해서 그 반환을 요구하더라도 수치인은 그것을 임치인에게 반환하지, 직접 제3자에게 반환할 의무는 없다.

(3) 임치인은 목적물을 수치인에게 인도할 의무가 잇지만, 무상일 경우에는 이같은 의

무가 없다. 그리고 무상임치의 경우에 임치인은 언제든지 계약을 해지할 수 잇다(제698조 단서). 유상의 경우에는 임치인의 목적물 인도의무가 있고, 임치인의 손해배상의무는 불완전이행의 적극적 채권침해에 대한 책임이다.

(4) 임치에서 특수한 경우는 혼장 임치와 소비임치이다. 혼장 임치는 민법에 규정하고 있지 않다. 이는 곡물, 주류, 유류, 등 대체물의 임치에서 수치인이 임치된 물건과 동종, 종질의 다른 임치물과 혼합하여 보관하고, 반환할 때에는 임치된 것과 동량을 반환하면 되는 것이다. 이는 대체물에 한 한다. 그리고 다른 임치인의 승낙이 있어야 한다.

(5) 소비임치의 경우는 수치인이 대체물인 임치물을 소비하고, 그것과 동종 · 동질 · 동량의 물건을 반환할 의무를 부담하는 임치를 소비임치 또는 불규칙임치라고 한다. 소비임치가 보통의 임치와 다른 점은 물건 자체가 아니라 받은 물건의 가격을 보관함에 있다. 즉 소비임치에서 「소비」는 보관의 한 수단이다. 따라서 소비임치의 목적물은 대체물이어야 하며, 그 소유권은 수치인에게 이전한다(95다26919;84다카2180;97다34822;2007다51239;02다55908;08다45828).

【 관련판례 】 (대판 1994. 9. 9, 93다40256)

가. 증권신용거래에 있어서 고객이 증권회사에게 증권을 예탁 또는 담보로 제공한 법률관계가 소비임치계약인지 여부

나. 증권회사가 담보로 제공된 증권을 임의 처분한 것이 고객에 대한 채무불이행이 되는지 여부

[재판요지]

가. 고객이 증권회사에게 증권을 예탁 또는 담보로 제공한 법률관계가 소비임 치계약이라고 볼 수 있으려면 증권이 증권회사에게 예탁 또는 담보로 제공됨으로써 그 소유권이 증권회사에게 귀속되어 증권회사가 이를 임의로 소비하거나 처분할 수 있다고 볼 수 있어야 할 것인바, 고객이 증권회사에게 예탁한 증권이 나 담보로 제공한 유가증권의 반환을 청구할 경

우 증권회사가 그것과 종목과 권리가 동일한 증권으로 반환할 수 있다는 약정의 취지는 증권회사가 고객에게 증권을 반환하여야 할 경우에 예탁 또는 담보로 제공받은 증권과 종목 및 권리가 동일한 증권을 반환할 수 있다는 취지이지, 예탁 또는 담보로 제공받은 증권의 소유권을 증권회사에게 귀속시키기로 한다거나 증권회사가 그 증권을 임의로 소 비 또는 처분할 수 있다는 취지라고 볼 수 없고, 또 증권회사가 고객으로부터 담보로 제공받은 증권을 다른 예탁자가 예탁한 동일 종목의 증권과 혼합 보관할 수 있다고 약정하였다고 하여 고객이 증권회사에게 예탁 또는 담보로 제공한 증권의 소유권이 증권회사에게 귀속되어 증권회사가 이를 임의로 소비하거나 처분 할 수 있게 되는 것이라고 볼 수 없다.

나. 고객과 증권회사 사이에 체결된 신용거래계좌설정약정서와 증권거래법 제 45조 단서의 규정 등에 비추어 보면, 고객이 증권회사에게 담보로 제공한 증권 의 소유권은 반환 시까지 여전히 고객에게 있고 증권회사는 증권을 담보목적에 어긋나지 않게 보관할 의무가 있는 것으로서, 만약 이에 위배하여 위 증권을 처분한 경우에는 고객에 대하여 채무불이행책임을 지고, 또한 이로 인하여 고객이 손해를 입었다면 특별한 사정이 없는 한 그 손해를 금전으로 배상할 의무가 있다.

【 **최근판례** 】 (수취은행의 임치) 

수취은행이 수취인에 대한 대출채권을 자동채권으로 하여 착오송금에 기한 예금 채권과 상계할 수 있는지에 관하여 대판 2010. 5. 27. 2007다66088은 “예금거래기본약관에 따라 송금의뢰인이 수취인의 예금계좌에 자금이체를 하여 예금원장에 입금의 기록이 된 때에는 특별한 사정이 없는 한 송금의뢰인과 수취인 사이에 자금이체의 원인인 법률관계가 존재하는지 여부에 관계없이 수취인과 수취은행 사이에는 위 입금액 상당의 예금계약이 성립하고, 수취인이 수취은행에 대하여 위 입금액 상당의 예금 채권을 취득한다. 그리고 수취은행은 원칙적으로 수취인의 계좌에 입금된 금원이 송금의뢰인의 착오로 자금이체의 원인 관계없이 입금된 것인지 여부에 관하여 조사할 의무가 없으며, 수취은행이 수취인에 대한 대출채권 등을 자동채권으로 하여 수취인의 계좌에 입금된 금원 상당의 예금 채권과 상계하는 것은 신의칙 위반이나 권리남용에 해당한다는 등의 특별한 사정이 없는 한 유효하다.”고 하여 상계가 원칙적으로 허용됨을 밝힌 후, 다만 “송금의뢰인이 착오송금임을 이유로 거래은행을 통하여 혹은 수취은행에 직접 송금액의 반환을 요청하고 수취인도 송금의뢰인의 착오송금에 의하여 수취인의 계좌에 금원이 입금된 사실을 인정하고 수취은행에 그 반환을 승낙하고 있는 경우, 수취은행이 수취인에 대한 대출채권 등을 자동채권으로 하여 수취인의 계좌에 착오로 입금된 금원 상당의 예금채권과 상계하는 것은, 수취은행이 선의인 상태에서 수취인의 예금 채권을 담보로 대출을 하여 그 자동채권을 취득한 것이라거나 그 예금채권이 이미 제3자에 의하여 압류되었다는 등의 특별한 사정이 없는 한, 공공성을 지닌 자금이체 시스템의 운영자가 그 이용자인 송금의뢰인의 실수를 기화로 그의 희생 하에 당초 기대하지 않았던 채권회수의 이익을 취하는 행위로서 상계제도의 목적이나 기능을 일탈하고 법적으로 보호받을 만한 가치가 없으므로, 송금의뢰인에 대한 관계에서 신의칙에 반하거나 상계에 관한 권리를 남용하는 것"이라고 하였다.

제11절 조 합

1. 조합의 의의

(1) 민법에서의 조합의 의미에 관하여 조합계약에 의하여 창설된 단체를 의미한다는 견해와 조합계약을 의미한다는 견해가 나뉘지만, 맥락에 따라 조합계약을 의미하기도 하고 그 계약에 의하여 결성된 단체를 말하기도 한다고 할 것이다. 이하에서는 전자를 조합계약, 후자를 조합이라고 하여 양자를 구별하기로 한다.

(2) 결국 조합계약은 2인 이상이 서로 출자하여 공동사업을 경영할 것을 약정함으로써 성립하는 유상계약이다(통설). 합동행위로 보면서 계약으로 보는 소수설이 있다.

2. 성립과 업무집행

(1) 1회에 한해서 사업을 목적으로 조합을 구성하는 것도 가능하다. 사업은 공동의 것

이면 된다. 이익의 분배만을 받는 익명조합은 조합이 아니다.

(2) 조합도 계약이므로 법률행위의 하자에 관한 규정이 적용된다.

(3) 업무집행권을 일부의 조합원에게 맡기는 경우에는 2/3 이상의 찬성이 필요하고, 수인이 그 업무집행을 할 경우에는 과반수로 정한다. 제3자에게 업무집행을 맡긴 경우에도 각 조합원의 검사권은 인정된다. 조합원의 대외관계에서는 대리권이 있는 것으로 추정한다(제709조). 조합은 당사자 능력이 없다. 조합은 조합원 전원의 공동명의로만 원고 또는 피고가 된다(필요적 공동소송이다). 공동소송이 복잡하게 되면 선정당사자로 할 수 있다. 업무집행의 조합원은 소송대리권이 있는 것으로 해석한다.

【 관련판례 】 (대판 2007. 6. 14, 2005다5140)－부동산 공동매수

[1] 부동산 실권리자명의 등기에 관한 법률에서 정한 유예기간이 경과한 후, 명의신탁자가 명의신탁 해지를 원인으로 하는 소유권이전등기를 청구할 수 있는지 여부(소극)

[2] 사업을 공동 경영하는 약정이 민법상 조합계약이 되기 위한 요건

[3] 수인이 전매차익을 목적으로 부동산을 공동으로 매수한 경우, 그 수인을 조합원으로 하는 동업체에서 매수한 것으로 인정하기 위한 요건

[4] 부동산의 공동매수인들이 전매차익을 얻으려는 '공동의 목적 달성'을 위해 상호 협력한 것에 불과하고 이를 넘어 '공동사업을 경영할 목적'이 있었다고 인정되지 않는 경우, 이들 사이의 법률관계는 공유관계에 불과할 뿐 민법상 조합이 아니라고 한 사례

[재판요지]

[1] 부동산 실권리자명의 등기에 관한 법률 제11조, 제12조 제1항과 제4조의 규정에 의하면, 같은 법 시행 전에 명의신탁약정에 의하여 부동산에 관한 물권을 명의수탁자의 명의로 등기하도록 한 명의신탁자는 같은 법 제11조에서 정한 유예기간 이내에 실명등기 등을 하여야 하고, 유예기간이 경과한 날 이후부터 명의신탁약정과 그에 따라 행하여진 등기에 의한 부동산에 관한 물권변동이 무효가 되므로, 명의신탁자는 더 이상 명의신탁 해지를 원인으로 하는 소유권이전등기를 청구할 수 없다. [2] 민법상 조합계약은 2인 이상이 상호 출자하여

공동으로 사업을 경영할 것을 약정하는 계약으로서, 특정한 사업을 공동 경영하는 약정에 한하여 이를 조합계약이라 할 수 있고, 공동의 목적달성이라는 정도만으로는 조합의 성립요건을 갖추었다고 할 수 없다.

【 **관련판례** 】 (대판 2000. 7. 7, 98다44666)-동업관계 

이른바 '내적조합'에 해당하기 위한 요건 및 내부관계에서 당사자 중 일부만 이익을 분배받고 다른 자는 전혀 이익분배를 받지 않는 경우, '내적조합'에 해당 하는지 여부

[재판요지]

이른바 '내적조합'이라는 일종의 특수한 조합으로 보기 위하여 서는 당사자의 내부관계에서는 조합관계가 있어야 할 것이고, 내부적인 조합관계가 있다고 하려면 서로 출자하여 공동사업을 경영할 것을 약정하여야 하며, 영리사업을 목적으로 하면서 당사자 중의 일부만이 이익을 분배받고 다른 자는 전혀 이익분배를 받지 않는 경우에는 조합관계(동업관계)라고 할 수 없다.

3. 재산관계

(1) 조합의 재산은 조합원전원에게 공동으로 귀속된다. 이러한 특수 관계를 합유 관계라고 한다. 조합재산은 출자재산 뿐 아니라, 조합원이 특정조합원에 대해 가지는 출자이행 청구권도 조합재산이다(제705조).

(2) 합유재산은 지분처분을 하지 못한다. 분할도 금지한다. 조합재산에 관한 특별규정은 민법 제714조 내지 715조에 규정하고 있다.

(3) 조합재산에 대해서는 공동책임이 있다. 조합의 채권자는 먼저 조합재산으로부터 변재를 받고 변제받지 못한 재산은 각 조합원에게 청구해야 하는 것이 아니고, 곧바로 각 조합원에게 청구할 수도 있다. 제3자의 조합에 대한 채권을 조합원의 한사람이 양도받더라도 혼동은 일어나지 않는다. 조합채권자가 조합재산에 대해 강제집행하려면, 조합 전원에 대한 채무명의를 필요로 한다. 조합원 개인재산에 대한 책임은 각 조합원에게 분할채무로 분담된다.(제712, 713조). 손익분배의 비율을 조합원의 다수결로 정한다는 약정은 무효라고 해석한다(제711조).

【 **최근판례** 】 (공사대금을 합유 재산으로 보는 경우) 

[대판(전) 2012. 5. 17. 2009다105406] 공동이행방식의 공동수급체는 기본적으로 민법상 조합의 성질을 가지는 것이므로, 공동수급체가 공사를 시행함으로 인하여 도급인에 대하여 가지는 채권은 원칙적으로 공동수급체 구성원에게 합유적으로 귀속하는 것이어서 특별한 사정이 없는 한 구성원 중 1인이 임의로 도급인에 대하여 출자 지분 비율에 따른 급부를 청구 할 수 없고, 구성원 중 1인에 대한 채권으로써 그 구성원 개인을 집행채무자로 하여 공동수급체의 도급인에 대한 채권에 대하여 강제집행을 할 수 없다. 그러나 공동이행방식의 공동수급체와 도급인이 공사도급계약에서 발생한 채권과 관련하여 공도수급체가 아닌 개별 구성원으로 하여금 지분비율에 따라 직접 도급인에 대하여 권리를 취득하게 하는 약정을 하는 경우와 같이 공사도급계약의 내용에 따라서는 공사도급계약과 관련하여 도급인에 대하여 가지는 채권이 공동수급체 구성원 각자에게 지분비율에 따라 구분하여 귀속될 수도 있고, 위와 같은 약정은 명시적으로는 물론 묵시적으로도 이루어 질 수 있다.

4. 조합원의 변동

(1) 조합원 탈퇴와 가입은 임의 탈퇴와 비임의 탈퇴로 규정하고 있다(제716, 717조).

(2) 탈퇴가 되면 탈퇴당시의 조합재산을 계산한 결과 조합재산의 적자가 아닌 경우에 한한다. 탈퇴조합원의 지분은 잔존조합원에게 분배되고, 그 지분만큼 확대된다. 새 조합원이 가입되는 경우는 합유 지분이 축소된다.

【 **최근판례** 】 (분할합병으로 인한 포괄승계)

대판 2011. 8. 25. 2010다44002는 "상법 제530조의 10은 분할 또는 분할합병으로 인하여 설립되는 회사 또는 존속하는 회사는 분할하는 회사의 권리와 의무를 분할계획서 또는 분할합병계약서가 정하는 바에 따라서 승계한다고 규정하고 있다. 즉 회사의 분할합병이 있는 경우에는 분할합병계약서에 따라 피분할회사의 권리의무는 사법상 관계나 공법상 관계를 불문하고 성질상 이전을 허용하지 않는 것을 제외하고는 분할합병으로 인하여 존속하는 회사에게 포괄승계 된다. 한편 공동수급체는 기본적으로 민법상의 조합의 성질을 가지고, 공동수급체의 구성원 사이에서 구성원지위는 상속이 되지 않고 다른 구성원들의 동의가 없으면 이전이 허용되지 않는 귀속상의 일신적속적인 권리의무에 해당하므로, 공동수급체의 구성원지위는 원칙적으로 회사의 분할합병으로 인한 포괄승계의 대상이 되지 아니한다."고 하였다.

5. 해산과 청산

(1) 단순히 조합원 1인에 대한 부득이한 사유는 그의 탈퇴나 제명의 사유는 되어도 해산청구의 사유는 되지 않는다.

(2) 조합은 청산을 종료해야 완전히 소멸한다. 조합의 청산절차는 법인의 청산과 달리 조합채권자의 보호를 위한 것이 아니라, 오로지 조합원 사이의 재산관계의 공평한 처리를 목적으로 한다. 그래서 청산이 끝난 후에도 각 조합원은 그의 개인 재산을 가지고 조합

채권자에 대해 책임을 지게 된다(제721 내지 723조).

【 관련판례 】 (대판 2000. 4. 27, 99다35713)

[1] 조합이 해산되어 그 잔무로서 잔여재산의 분배만이 남아 있는 경우,청산절차를 거치지 아니하고 바로 잔여재산의 분배를 청구할 수 있는지여부(적극) 및 이 경우 잔여재산 분배청구권의 행사 방법 [2] 조합이 해산되고 그 잔무로서 잔여재산의 분배만이 남아 있어 조합원이청산절차를 거치지 않고 곧바로 다른 조합원을 상대로 제기한 잔여재산분배청구소송에서 전체 잔여재산의 내역과 그 정당한 분배비율 및 조합원각자의 잔여재산 보유 내역 등을 심리하여 상대방 조합원이 정당한 분배비율을 초과하여 잔여재산을 보유하고 있는지 여부 및 그 정도를 확정함이 없이 원고의 청구를 일부 인용한 원심을 파기한 사례에서,

[재판요지]

[1] 조합의 목적 달성으로 인하여 조합이 해산되었으나 조합의 잔무로서 처리할 일이 없고 다만 잔여재산의 분배만이 남아 있을 때에는 따로 청산절차를 밟을 필요가 없이 각 조합원은 자신의 잔여재산의 분배비율의 범위 내에서 그 분배비율을 초과하여 잔여재산을 보유하고 있는 조합원에 대하여 바로 잔여재산의 분배를 청구할 수 있고, 이 경우의 잔여재산 분배청구권은 조합원 상호간의 내부관계에서 발생하는 것으로서 각 조합원이 분배비율을 초과하여 잔여재산을 보유하고 있는 조합원을 상대로 개별적으로 행사하면 족한 것이지 반드시 조합원들이 공동으로 행사하거나 조합원 전원을 상대로 행사하여야 하는 것은 아니다. [2] 조합이 해산되고 그 잔무로서 잔여재산의 분배만이 남아 있어 조합원이 청산절차를 거치지 않고 곧바로 다른 조합원을 상대로 제기한 잔여재산 분배청구소송에서 전체 잔여재산의 내역과 그 정당한 분배비율 및 조합원 각자의 잔여재산 보유 내역 등을 심리하여 상대방 조합원이 정당한 분배비율을 초과하여 잔여재산을 보유하고 있는지 여부 및 그 정도를 확정함이 없이 원고의 청구를 일부 인용한 원심을 파기한 사례

제12절 종신정기금계약

1. 종신정기금계약의 의의

종신정기금계약은 당사자 일방, 즉 정기금계약자가 자기, 상대방 또는 제3자의 종신까지 정기로 금전 기타 물건을 상대방 또는 제3자에게 지급할 것을 약정하고, 상대방이 이를 승낙함으로써 성립하는 낙성 · 불요식 · 쌍무계약이다(제725). 종신정기금 계약은 유상일 수도 잇고, 무상일 수도 있다. 무상일 경우는 정기적인 증여가 된다. 이는 계약이 그 원인행위에 영향을 받기 때문이다.

2. 종신정기금계약의효력

종신정기금은 일수로 계산한다(제726조). 채무불이행과 채무자의 귀책사유로 인한 사망의 효과에 대해 규정하고 있다(제726, 727조).

제13절 화 해

1. 화해의 의의

화해는 당사자들이 서로 양보하여 그들 사이의 다툼을 끝낼 것을 약정함으로써 성립하는 낙성 · 유상 · 불요식 · 쌍무계약이다(제731조). 따라서 화해가 성립하기 위하여 당사자 사이에 법률관계에 관한 다툼이 있어야 하고, 서로 양보하여야 하며, 다툼을 그만두기로 합의하여야 한다. 법률관계의 확정하기 위한 경우는 일종의 무명계약으로 본다.

2. 화해의 성립과 효력

화해의 성립은 곧 분쟁의 종지이다. 일방만의 양보는 화해가 아니다. 당사자의 처분능력이 있어야 한다. 화해가 성립되면 법률관계가 확정된다. 이는 창설적 효력을 지닌다.

【 **최근판례** 】 (처분권에 대한 화해)

대판 2012. 9. 13. 2010다97846은 "조정이나 재판상 화해의 대상인 권리관계는 사적이익에 관한 것으로서, 당사자가 자유롭게 처분할 수 있는 것이어야 하므로, 성질상 당사자가 임의로 처분할 수 없는 사항을 대상으로 한 조정이나 재판상 화해는 허용될 수 없고, 설령 그에 관하여 조정이나 재판상 화해가 성립하였더라도 효력이 없어 당연 무효"라고 하였다.

3. 착오의 문제

민법 제733조는 착오에 대해 규정하여 화해는 착오를 이유로 취소하지 못한다고 한다. 그러나 당사자의 자격이나 분쟁이외의 사항에 착오가 있었던 경우는 이를 이유로 취소할 수 있다는 것이다. 예컨대 채권액에 관해 다툼이 있어서 화해를 한 경우에, 그 채권이 이미 소멸하고 있거나, 또는 화해당사자의 일방이 채권자나 채무자가 아니었다는 이유로는 취소할 수 있다는 의미다(대판 1990. 11. 9, 90다카22674).

【 **관련판례** 】 (대판 1992. 7. 14, 91다47208) 

가. 착오로 인하여 화해계약을 취소할 수 있는 경우인 '화해의 목적인 분쟁이외의 사항'의 의미

나. 피해자 측이, 사고발생에 가해자의 과실이 경합되어 있는데도 피해자의 일방적 과실에 의한 것으로 착각하고, 가해자의 사용자와 사이에 위 사고가 오로지 피해자의 과실로 발생한 것을 자인하고 합의금을 받고 일체의 손해배상청구권을 포기하기로 합의한 경우 착오를 이유로 위 화해계약(합의)을 취소할 수 있다고 한 사례에서,

[재판요지]

가. 민법상 화해계약에 있어서는 당사자는 착오를 이유로 취소하지 못하고 다 만 화해당사자의 자격 또는 화해의 목적인 분쟁 이외의 상항에 착오가 있는 때에 한하여 취소할 수 있는바(민법 제733조), 위에서 "화해의 목적인 분쟁 이외 의 사항"이라 함은 분쟁의 대상이 아니라 분쟁의 전제 또는 기초가 된 사항으로 서 쌍방당사자가 예정한 것이어서 상호 양보의 내용으로 되지 않고 다툼이 없는 사실로 양해된 사항을 말한다.

나. 피해자 측이 가해자의 사용자와 사이에 사고가 오로지 피해자의 과실로 인하여 발생한 것을 자인하고 치료비를 포함한 합의금 2,500,000만원만을 받고 일체의 손해배상청구권을 포기하기로 합의한 경우 위 사고가 피해자의 과실로 인하여 발생하였다는 사실은 쌍방 당사자사이에 다툼이 없어 양보의 대상이 되지 않았던 사실로서 화해의 전제가 되는 사항에 해당하는 것이므로, 위 사고발생에 가해자의 과실이 경합되어 있는데도 피해자 측이 피해자의 일방적 과실에 의한 것으로 착각하여 위와 같은 합의를 한 것이라면 착오를 이유로 위 합의,

즉 화해계약을 취소할 수 있다고 했다.

【 **관련판례** 】 (대판 2001. 10. 12, 2001다49326) – 화해취소 

의사의 치료행위 직후 환자가 사망하여 의사가 환자의 유족에게 거액의 손해배상금을 지급하기로 합의하였으나 그 후 환자의 사망이 의사의 치료행위와는 전혀 무관한 것으로 밝혀진 사안에서, 의사에게 치료행위상의과실이 있다는 점은 위 합의의 전제이었지 분쟁의 대상은 아니었다고 보아 착오를 이유로 화해계약의 취소를 인정한 사례

[재판요지]
의사의 치료행위 직후 환자가 사망하여 의사가 환자의 유족에게 거액의 손해배상금을 지급하기로 합의하였으나 그 후 환자의 사망이 의사의 치료행위와는 전혀 무관한 것으로 밝혀진 사안에서, 의사에게 치료행위상의 과실이 있다는 점은 위 합의의 전제이었지 분쟁의 대상은 아니었다고 보아 착오를 이유로 화해계약의 취소를 인정한 사례.

제14절 임대차

1. 민법상 임대차

(1) 물권적 전세권

1) 의의 및 성질

물권적 전세권이란 전세금을 지급하고 타인의 부동산을 점유하여 그 부동산의 용도에 좇아 사용. 수익하며, 그 부동산 전부에 대하여 후순위권리자 기타 채권자보다 전세금의 우선변제를 받을 권리가 있는 것(민법 제303조 제1항)을 말한다. 전세제도는 원래 채권관계로서 관행되어 온 것을 물권의 일종으로 성문화한 것으로 다른 나라에서 찾아 볼 수 없는 우리 고유의 제도이다. 전세계약은 전세권자가 상대방에 대하여 전세금을 지급하고 소정기간 상대방의 소유가옥을 점유 · 사용하고 그 월세와 전세금의 이자를 상계할 것을 내용으로 하는 쌍무계약으로서 전세권자가 월세를 지급하지 않는 것이 관습이다(대판 1958. 4. 24, 57다867). 전세권은 전세금반환채권을 담보하는 범위 내에서 담보물권으로 갖게 되는 부종성 · 수반성 · 물상대위성 · 불가분성을 가진다.

2) 종류

① 건물의 점유를 요건으로 하는 전세권

주택 · 상가 · 공장 등의 건물에 입주하면서 건물의 소유자와 전세계약을 체결하고 전세권을 등기부에 등기한 전세권을 말한다.

② 토지에 전세권을 설정 받아 지상 건물을 신축 · 소유하는 전세권

타인 소유의 토지에 전세권을 설정 받아 그 지상에 건물을 신축하여 소유하는 경우

의 전세권을 말한다. 통상 토지소유자와 건축주가 토지에 지상권 · 임차권 등을 설정등기하고 그 지상에 집합건물 등을 신축한 후 그 분양대금의 분배를 계약조건으로 하는 방식으로 처리하는데 드물게 지상권, 임차권을 설정하는 대신 전세권으로 처리하기도 한다.

③ 채권에 대한 담보권설정 대신 설정계약 하는 전세권

전세권은 반드시 점유를 요건으로 하지는 아니하기 때문에 기존의 채권을 담보하기 위하여 저당권설정 대신 전세권설정으로 그 피담보채권을 담보할 수도 있다.

3) 전세권의 존속기간

전세권의 존속기간은 10년을 넘지 못하며, 당사자의 약정으로 그 기간이 10년을 넘은 때에는 이를 10년으로 단축하며, 건물에 대한 전세권의 존속기간을 1년 미만으로 정한 때에는 이를 1년으로 한다. 전세권의 갱신은 당사사의 합의에 의해서만 가능하다. 다만 건물의 전세권에 관하여 법정갱신이 인정된다(민법 제312조 제4항).

4) 전세권의 효력

① 사용 · 수익권

전세권은 전세권설정의 목적물은 물론 그 전세목적물의 사용 · 수익을 위한 일정범위에 그 효력이 미친다(민법 제303조 제1항).

② 전세금의 우선변제권

전세권자는 일반채권자에 항상 우선하며, 전세권자가 경매를 신청하면 저당권도 소멸하고 그 순위는 등기에 의하나, 저당권자가 경매를 신청하면 전세권이 저당권보다 먼저 설정 된 경우에는 전세권은 소멸하지 않는다. 우선변제권은 경매에 의하여 실행한다.

③ 과실수취권

부동산에서 법정과실, 천연과실을 취득할 수 있다.

④ 토지위의 권리

타인 토지 건물에 대한 전세권은 그 건물 소유의 토지를 목적으로 하는 지상권, 전세권에도 미친다(민법 제304조 제1항).

⑤ 법정지상권

대지와 건물이 동일한 소유자에 속한 경우 건물에 전세권을 설정한 때에는 그 대지소유권의 특별승계인은 전세권설정자에 대하여 지상권을 설정한 것으로 본다(민법 제305조 제1항).

⑥ 원상회복의무와 매수청구권

전세권이 그 존속기간의 만료로 인하여 소멸한 때에는 전세권자는 그 목적물을 원상회복하여야 하며 그 목적물에 부속시킨 물건은 수거할 수 있다. 그러나 전세권설정자가 그 부속물건의 매수를 청구한 때에는 전세권자는 정당한 이유 없이 거절하지 못한다(민법 제316조).

⑦ 전세권자의 비용상환청구권

전세권자가 목적물을 개량하기 위하여 지출한 금액 기타 유익비에 관하여는 그 가액의 증가가 현존한 경우에 한하여 소유자의 선택에 좇아 그 지출액이나 증가액의 상환을 청구 할 수 있다(민법 제310조).

⑧ 전세금 증감청구권

전세금이 목적 부동산에 관한 조세 · 공과금 기타 부담의 증감이나 경제사정의 변동으로 인하여 상당하지 아니하게 된 때에는 당사자는 장래에 대하여 그 증감을 청구할 수 있다(민법 제312조의2).

⑨ 처분 및 양도

전세권의 존속기간 내에 그 목적물을 타인에게 양도 · 전전세 또는 임대할 수 있는 처분의 자유가 있다. 또한 부동산 전부에 대하여 후순위권리자 기타 채권자보다 전세금의 우선변제를 받을 권리가 있다.

(2) 채권적 전세권(주택전세)

1) 의의

전세금을 지급하고 타인의 부동산을 점유하여 그 부동산의 용도에 좇아 사용 · 수익하게 할 것을 약정하고, 그 전세금의 이자를 차임과 상계함으로써 별도의 차임을 지급하지 않는 것을 약정함으로써 성립하는 계약이다. 채권적 전세권은 임대차와 이자부소비대차가 결합한 혼합계약의 일종으로 등기를 하지 않고 주택가액의 60~80%를 전세보증금으로 지급하고 사는 방법이다. 이와 같이 채권적 전세권을 물권적 전세권과는 달리 등기를 하지 않는다는 점에서 물권적 전세권과 구별된다. 또한 물권적 전세권은 토지와 건물을 대상으로 할 수 있는데, 채권적 전세는 주택(또는 상가)건물을 대상으로 한다. 이러한 채권적 전세권의 유형이 우리나라 주택임대차에서 가장 많이 차지하고 있는 실정이다.

2) 특별법 적용

등기를 하지 아니한 전세계약에 관하여 민법의 특별법인 주택임대차보호법(동법 제12조)과 상가건물임대차보호법(동법 제17조)의 적용을 받는다. 따라서 이 경우 "전세금"은 "임대차보증금"으로 본다.

3) 채권적 전세권자가 후에 전세권설정등기를 한 경우 주택임대차보호법(상가건물임대차보호법)의 적용 여부에 대해서, 대법원은 "후에 등기된 전세권설정등기는 그 앞에 설

정된 저당권의 실행으로 말소는 된다고 하더라도, 전세권설정등기 전에 갖춘 건물 소유자와 전세계약을 맺고 주민등록을 함으로써 주택임대차보호법 제12조, 제3조 제1항에 의해 확보된 대항력마저 상실되는 것은 아니다."고 판시했다(1993. 11. 23, 93다10552, 93다10569).

(3) 채권적 임차권

1) 의의

채권적 임차권이란 당사자 일방(임대인)이 상대방(임차인)에게 목적물을 사용 · 수익하게 할 것을 약정하고 상대방이 이에 대하여 차임을 지급할 것을 약정함으로써 성립하는 계약이다(민법 제618조). 주택임대차보호법이나 상가건물임대차보호법은 "등기를 하지 아니한 전세계약에 관하여 이를 준용한다."라고 규정하고, 이 경우 "전세금은 임대차보증금으로 본다."라고 하여 임대차이든 채권적 전세권이든 그 적용에 있어서 별 차이가 없다. 굳이 채권적 임차권(민법상 임대차)과 채권적 전세를 구별한다면 전자는 목적물의 사용 · 수익의 대가로 일정시기마다 차임을 지급하는 반면, 후자는 전세금을 일시에 지급하고 그 전세금의 이자를 차임과 상계함으로써 별도의 차임을 지급하지 않는다.

2) 유형

① 일정한 보증금을 내고 매월 세를 주는 방법

가령, 임대차보증금 2,000만원과 월 임료 금20만원에 임대차계약을 체결하는 경우이다.

② 보증금 없이 매월 세만 주는 방법

임대차보증금 없이 매월 월 임료 500,000원만 지급하기로 임대차계약을 체결한 경우이다.

③ 보증금을 지급하고 월세는 매월 보증금에서 공제해 가는 방법

이러한 경우를 속칭 사글세라고 하며, 일정한 보증금만 지급하여 월 임료를 지급하지 않고 매월 보증금에서 공제하기로 한 임대차 계약을 체결한 경우이다.

3) 임차권의 물권화

부동산임차권이 물권화한다고 할 때 그것이 구체적으로 어떠한 내용을 가지는가에 대하여 견해가 다르나 대항력의 인정, 임차권존속의 보장, 임차권처분의 인정, 제3자의 침해로부터 임차권의 보호가 그 공통적 내용으로 본다.

4) 존속기간

① 기간을 약정한 경우

민법은 임대차계약에 대하여 최장기의 기간은 정하고 있으나 최단기간은 두지 않고 있다. 최장기는 원칙적으로 20년을 넘지 못하도록 하고 있다. 다만, 석조, 석회조, 연화조 또는 이와 비슷한 견고한 건물 기타 공작물, 토지임대차에 대하여는 20년이라는 제한을 받지 않는다.

② 기간의 약정이 없는 경우

임대차기간의 약정이 없으면 당사자는 언제든지 계약해지의 통고를 할 수 있다. 통고는 언제든지 할 수 있지만, 효력은 토지, 건물 기타 공작물에 대하여는 임대인이 해지를 통고한 경우에는 6월, 임차인이 해지를 통고한 경우에는 1월이 지나야 해지의 효력이 있고, 동산의 경우 임대인 · 임차인 모두 5일이다(민법 제635조 제1항, 제2항).

③ 갱신

갱신에는 약정갱신(10년 이내)과 법정갱신이 있다. 보통 임대차의 경우 기간만료 후 임대인이 상당한 기간(토지에 대하여는 1년, 건물 기타 공작물에 대하여는 3월, 동산에

대하여는 1월 : 민법 제620조)내에 이의를 제기하지 않으면 전임대차와 동일한 조건으로 다시 임대차 한 것으로 본다. 단, 기간은 약정이 없는 것으로 하여 부동산의 경우 임대인 6월, 임차인 1월이 경과하면 통고 후 효력이 발생한다.

5) 효력

임대인의 권리로서는 차임지급청구권, 임대물반환청구권, 2기의 차임연체로 인한 계약해지권 등이며, 의무로서는 임대인은 임차인으로 하여금 목적물을 사용 · 수익하게 해줄 의무, 비용 상환의무 등이 있다. 임차인의 의무로서는 차임지급의무, 임차물보관의무, 용법에 따라 사용의무, 보증금에 의한 차임채무의 담보의무가 있다.

① 임대인의 수선의무

임대인은 목적물인도의무와 수선의무, 방해제거의무, 비용상환의무, 담보책임과 보호의무 등이 있다.

【 **최근판례** 】(임대인의 수선의무)

대판 2012.6.14. 2010다89876 · 89883은 임차인 甲이 가구전시장으로 임차하여 사용하던 건물 바닥에 결로현상이 발생하자 임대인 乙을 상대로 임대목적물하자에 따른 손해배상을 청구한 사안에서, 감정인의 감정서 등에 비추어 위 건물에는 구조상 바닥 및 단열과 방습조치가 되어 있지 않은 하자가 있어 여름형 결로현상이 발생할 수밖에 없고, 乙은 임대차계약 체결 당시 甲이 건물을 가구전시장으로 임차한 사실을 알고 있었으므로, 甲의 요구에 따라 건물 바닥에 나타난 습기의 발생 원인을 조사하고 이를 제거하기 위하여 제습기 또는 공조시설 등을 설치하거나 바닥공사를 하여 주는 등의 조치를 취함으로써 甲이 사용 · 수익할 수 있는 상태를 유지하여 줄 의무가 있는데도, 이와 달리 건물이 일반적 용도로 사용하는 데 하자가 없다고 단정하여 위 청구를 배척한 원심판결에 임대차 목적물에 대한 임대인의 수선의무에 관한 법리오해 등 위법이 있다고 하였다. 그리고 대판 2012.3.29. 2011다107405는 "임대인의 수선의무는 특별한 사정이 없는 한 임대차의 목적에 따른 용도대로 임차인으로 하여금 그 목적물을 사용 · 수익시키는 데 필요한 범위에서 인정되는 것으로서, 임대인의 수

선의무를 발생시키는 사용 · 수익의 방해에 해당하는지 여부는 구체적인 사안에 따라 목적물의 종류 및 용도, 파손 또는 장해의 규모와 부위, 이로 인하여 목적물의 사용 · 수익에 미치는 영향의 정도, 그 수선이 용이한지 여부와 이에 소요되는 비용, 임대차계약 당시 목적물의 상태와 차임의 액수 등 제반 사정을 참작하여 사회통념에 의하여 판단하여야 할 것"라고 하면서, 제1, 차 집중호우로 각각 임대목적물인 공장에 인접한 임야 일부가 붕괴되면서 밀려내려온 토사류가 공장 벽체를 일부 파손하고 공장내부까지 들어와 임차인 甲 소유의 원자재, 기계 및 완제품이 훼손된 사안에서, 제반 사정에 비추어 제1차 집중호우에 따른 임야의 일부 붕괴사고가 발생하기 전까지 임대목적물인 공장 건물 및 부지는 계약에서 정한 목적에 따라 사용 · 수익하는 데 필요한 상태를 갖추고 있었다고 보이고, 제1차 집중호우에 따라 甲이 공장 및 부지를 사용 · 수익할 수 없는 장해가 발생하였더라도 임대인 乙이 부담하는 수선의무의 범위에 집중호우가 발생할 경우 임야가 붕괴될 수 있는 가능성을 염두에 두고 공장에 피해가 발생하지 아니하도록 방호조치를 취할 의무까지 포함된다고 볼 수 없으므로, 이와 달리 乙에게 공장의 사용 · 수익에 필요한 상태를 유지하기 위하여 제1차 집중호우 발생 전후에 걸쳐 임야에 맞닿은 쪽에 담장을 설치하거나 견고한 재질에 의하여 공장 벽체를 시공할 의무가 있다고 본 원심판결에 법리오해 등의 위법이 있다고 하였다.

② 임차인의 의무

임차인은 차인지급의무, 증감청구, 차임의 연체와 해지, 차임채권의 확보, 임차물 보고나 및 목적물 반환의무 등이 있다.

【 **최근판례** 】 (임차인이 갖는 임대인에 대한 지상물매수청구권)

목적물 반환의무와 관련해서, 대판 2009.11.26. 2009다70012는 「건물 소유를 목적으로 한 기간약정 없는 토지임대차계약이 임대인의 해지로 종료한 경우」에, 임차인은 계약갱신청구의 유무에 불구하고 건물매수청구권을 행사할 수 있고, 이러한 임차인의 건물매수청구권이 인정도니다면 임대인의 건물철거 및 대지인도청구는 그 대금지급과 상환으로 구하지 않으면 기각될 수밖에 없다고 하였다.

【 **최근판례** 】(임차목적물의 보관의무)

대판 2008.10.9. 2008다3022는 "임대인지위가 양수인에게 승계된 경우 이미 발생한 연체차임채권은 따로 채권양도의 요건을 갖추지 않는 한 승계되지 않고, 따라서 양수인이 연체차임채권을 양수받지 않은 이상 승계 이후의 연체 차임액이 3기 이상의 차임액에 달하여야만 비로소 임대차계약을 해지할 수 있다"고 하여 원칙적으로 본문에서와 같은 입장이다. 대판 2009.5.28. 2009다13170은 "이행불능이 임대차목적물을 임차인이 사용 · 수익하기에 필요한 상태로 유지하여야 할 임대인의 의무위반에 원인이 있음이 밝혀진 경우에까지 임차인이 별도로 목적물보존의무를 다하였음을 주장 · 입증하여야만 그 책임을 면할 수 있는 것은 아니"고, "주택 기타 건물 또는 그 일부의 임차인이 임대인으로부터 목적물을 인도받아 점유 · 용익하고 있는 동안에 목적물이 화재로 멸실된 경우, 그 화재가 건물소유자측이 설치하여 건물구조의 일부를 이루는 전기배선과 같이 임대인이 지배 · 관리하는 영역에 존재하는 하자로 인하여 발생한 것으로 추단된다면, 그 하자를 보수 · 제거하는 것은 임대차목적물을 사용 · 수익하기에 필요한 상태로 유지할 의무를 부담하는 임대인의 의무에 속하는 것이므로, 그 화재로 인한 목적물반환의무의 이행불능 등에 관한 손해배상책임을 임차인에게 물을 수 없다"고 하였다.

【 **최근판례** 】(전세금의 성질)

대판 2011.3.24. 2010다95062는 "임대인과 임차인이 임대차계약을 체결하면서 임대차보증금을 전세금으로 하는 전세권설정등기를 경료 한 경우 임대차보증금은 전세금의 성질을 겸하게 되므로, 당사자 사이에 다른 약정이 없는 한 임대차보증금 반환의무는 민법 제317조에 따라 전세권설정등기의 말소의무와도 동시이행관계에 있다"하고 하였다.

【 **최근판례** 】 (목적물 반환의무의 위반)

임대차가 종료하면 임차인은 보증금 반환과 상환으로 임대인에게 임차목적물을 반환하여야 하는바, 이때 동시이행의 항변권은 인도거절을 정당화할 뿐이어서, 임차인이 목적물을 계속하여 사용수익하고 있다면 부당이득이 성립한다. 임대인이 보증금반환채무를 변제하거나 그 제공을 하면 임차인은 이행지체에 빠지고, 따라서 임대인은 임차인에 대하여 지연배상을 구할 수 있다. 이때 부당이득은 차임 상당액의 범위에서 성립하는데, “여기서 차임 상당액을 산정할 때 통상적으로 건물은 임대하는 경우 당연히 부지부분의 이용을 수반하는 것이고 차임 상당액 속에는 건물 차임 외에도 부지부분 차임(지대)도 포함되므로, 건물 차임은 물론이고 부지부분차임도 함께 계산되어야 한다. 그리고 건ㄴ물 소유자가 부지부분에 관한 소유권을 상실하였다 하여도 건물소유자는 의연 토지소유자와 관계에서는 토지 위에 있는 건물의 소유자인 관계로 건물부지의 불법점유자라 할 것이고, 따라서 건물부지부분에 관한 차임 상당의 부당이득 전부에 관한 반환의무를 부담하게 되며, 건물을 점유하고 있는 거물 임차인이 토지소유자에게 부지점유자로서 부당이득반환의무를 진다고 볼 수 없다. 그러므로 건물소유자는 이러한 채무의 부담한도 내에서 건물임차인의 건물 불법점유에 상응하는 부지부분의 사용 · 수익에 따른 임료 상당의 손실이 생긴 것이고, 건물에 관한 임대차계약 종료 이후 이를 계속 점유 · 사용하는 건물임차인은 건물소유자에 대한 관계에서 건물부지의 사용 · 수익으로 인한 이득이 포함된 건물임료 상당의 부당이득을 하였다고 보아야 한다.”(대판 2012.5.10. 2012다4633).

【 **최근판례** 】 (임차권의 양도)

대판 2010.6.10. 2009다101275는 이러한 경우에 임차권 양도에 의하여 임차권은 동일성을 유지하면서 양수인에게 이전되고 원래의 임차인은 임대차관계에서 탈퇴하므로 임차권 양수인은 원래의 임차인이 주택임대차보호법 제3조의2 제2항 및 같은 법 제8조 제1항에 의하여 가지는 우선변제권을 행사할 수 있고, 전차인은 원래의 임차인이 가지는 우선변제권을 대위행사 할 수 있다고 하였다.

【 **최근판례** 】 (임차권의 대항력)

대결 2010.7.26. 2010마900은 "주택에 관하여 최선순위로 전세권설정등기를 마치고 등기부상 새로운 이해관계인이 없는 상태에서 전세권설정계약과 계약당사자, 계약목적물 및 보증금(전세금액) 등에 있어서 동일성이 인정되는 임대차계약을 체결하여 주택임대차보호법상 대항요건을 갖추었다면, 전세권자로서의 지위와 주택임대차보호법상 대항력을 갖춘 임차인으로서의 지위를 함께 가지게 된다. 이러한 경우 전세권과 더불어 주택임대차보호법상의 대항력을 갖추는 것은 자신의 지위를 강화하기 위한 것이지 원래 가졌던 권리를 포기하고 다른 권리로 대체하려는 것은 아니라는 점, 자신의 권리를 강화하기 위하여 설정한 전세권으로 인하여 오히려 주택임대차보호법상의 대항력이 소멸된다는 것은 부당 하는 점, 동일인이 같은 주택에 대하여 전세권과 대항력을 함께 가지므로 대항력으로 인하여 전세권설정 당시 확보한 담보가치가 훼손되는 문제는 발생하지 않는다는 점 등을 고려하면, 최선순위전세권자로서 배당요구를 하여 전세권이 매각으로 소멸되었다 하더라도 변제받지 못한 나머지 보증금에 기하여 대항력을 행사할 수 있고, 그 범위 내에서 임차주택의 매수인은 임대인의 지위를 승계한 것으로 보아야 한다."고 하였다.

【 **최근판례** 】 (보증금의 우선변제권)

1) 우선변제의 대상인 매각대금은 대지의 매각대금을 포함하는데, 대지와 건물의 경매대가가 동시에 배당되는 경우에 관하여 대판 2003.9.5. 2001다66291은 "주택임대차보호법 제8조에 규정된 소액보증금반환청구권은 임차목적 주택에 대하여 저당권에 의하여 담보된 채권, 조세 등에 우선하여 변제받을 수 있는 이른바 법정 담보물권으로서, 주택임차인이 대지와 건물 모두로부터 배당을 받는 경우에는 마치 그 대지와 건물 전부에 대한 공동저당권자와 유사한 지위에 서게 되므로 대지와 건물이 동시에 매각되어 주택임차인에게 그 경매 대가를 동시에 배당하는 때에는 민법 제368조 제1항을 유추 적용하여 대지와 건물의 경매대가에 비례하여 그 채권의 분담을 정하여야 한다."고 하였다.

2) 대지의 매각대금에 대한 우선변제권은 당연히 그 대지가 임대인의 소유인 경우에 한하고(상가건물임대차보호법 제5조 제2항 참조), 대지에 관하여 선순위 권리자가 있는 경우에

그에 대항하지 못함은 당연한바, 대판 2010.6.10. 2009다101275는 "대지에 관한 저당권 설정 후에 비로소 건물이 신축되고 그 신축건물에 대하여 다시 저당권이 설정된 후 대지와 건물이 일괄경매 된 경우, 주택임대차보호법 제3조의2 제2항의 확정일자를 갖춘 임차인 및 같은 법 제8조 제3항의 소액임차인은 대지의 환가대금에서는 우선하여 변제를 받을 권리가 없다고 하겠지만, 신축건물의 환가대금에서는 확정일자를 갖춘 임차인이 신축건물에 대한 후순위 권리자보다 우선하여 변제받을 권리가 있고, 주택임대차보호법 시행령 부칙의 '소액보증금의 범위변경에 따른 경과조치'를 적용함에 있어서 신축건물에 대하여 담보물권을 취득한 때를 기준으로 소액임차인 및 소액보증금의 범위를 정하여여 한다."고 하였다.

【 **최근판례 1** 】 (주택임대차보호법상의 우선변제권) 

대판 2010.5.27. 2010다10276은 "주택임대차보호법의 입법목적과 주택임차인의 임차보증금반환채권에 우선변제권을 인정한 제도의 취지, 주택임대차보호법상 관련규정의 문언내용 등에 비추어 볼 때, 비록 채권양수인이 우선변제권을 행사할 수 있는 주택임차인으로부터 임차보증금반환채권을 양수하였다고 하더라도 임차권과 분리된 임차보증금반환채권만을 양수한 이상 그 채권양수인이 주택임대차보호법상의 우선변제권을 행사할 수 있는 임차인에 해당한다고 볼 수 없다. 따라서 위 채권양수인은 임차주택에 대한 경매절차에서 주택임대차보호법상의 임차보증금 우선변제권자의 지위에서 배당요구를 할 수 없고, 이는 채권양수인이 주택임차인으로부터 다른 채권에 대한 담보목적으로 임차보증금반환채권을 양수한 경우에도 마찬가지다. 다만, 이와 같은 경우에도 채권양수인이 일반금전채권자로서의 요건을 갖추어 배당요구를 할 수 있음은 물론"이라고 하였다.

【 **최근판례 2** 】 (주택임대차보호법상의 우선변제권) 

대판 2011.2.24. 2009다33655는 은행이 건설회사에 임대주택 건축자금을 대출하기 위하여 대지에 1순위 근저당권을 설정 받고 그 대지의 담보 부족분에 관하여 한국주택금융공사로부터 신용보증서를 발급받으면서 건물 준공 즉시 그 건물에 1순위 근저당권설정등기를 마치고 담보평가액만큼 신용보증을 일부해지하기로 하는 우선해지특약을 한국주택금융공사와 체결한 사안에서, 은행이 건물 준공 즉시 그 건물에 관하여 1순위 근저당권을 취득하는 경우 공사는 그가 신용보증 한 금액 중 건물에 관한 담보가치의 범위 내에서 신용보증 책임을 면한다고 보아야 하고, 은행이 건물 준공 전 이미 대지에 관하여 1순위 근저당권설정등기를 마친 이상 주택임대차보호법상 최우선변제권이 있는 소액임차인들은 대지의 환가대금에서 우선변제를 받을 수 없는 것이어서 건물의 담보가치 산청에서는 최우선변제권이 잇는 소액보증금을 모두 공제하여야 하므로, 은행이 우선해지특약에 따라 건물에 관하여 1순위 근저당권을 취득함으로써 면책되는 신용보증의 범위는 건물의 순 담보평가액, 즉 은행내규에 의한 담보평가액에서 소액보증금 합계액을 공제한 금액에 담보비율 80%를 적용한 금액이라고 하였다.

(4) 물권적 전세권과 채권적 전세권(임차권)의 차이점

▶ 전세권과 임대차의 차이점

구 분	전세권(물권)	임대차(채권)
등기여부	반드시 등기해야 함	반대약정이 없으면 등기 가능
대항력	있음	등기해야 있음
존속기간	-최단기(건물만):1년 -최장기(토지 · 건물):10년 초과할 수 없다.	-최단기간: 없음 -최장기: 20년 초과할 수 없다.
처분	전세권 설정자의 동의 없이 전세권 양도 · 전 전세 가능	임대인의 동의하에 임차권 양도 · 전대차 가능

1) 근본적 차이점

물권적 전세권은 목적부동산을 배타적으로 직접지배 할 수 있는 물권이고, 채권적 전세권 및 채권적 임차권은 목적부동산을 사용 · 수익하게 할 것을 설정자에게 청구할 수 있는 권리를 말한다. 즉 물권적 전세권은 물권인 반면, 임차권은 채권이다. 민법 중 물권으로서 전세권에 관하여는 민법 제303조 내지 제319조에, 채권으로서 임차권에 관하여는 민법 제618조 내지 제654조에 규정하고 있다.

2) 존속기간

물권적 전세권의 최장기 존속기간은 10년이며, 채권적 임차권은 원칙적으로 최장기 존속기간은 20년이다.

3) 대항력

물권적 전세권은 등기하므로 성립하고 제3자에 대하여 언제나 대항할 수 있는 권리이고, 목적물이 양도된 경우 당연히 신소유자에게 대항 가능하다. 반면에 채권적 전세권 및 채권적 임차권은 당사자 효력에 불과하고, 목적부동산이 양도된 경우 대항력이 없으므로 전세권자에 부동산인도청구를 할 수 있다.

4) 처분성 보장

물권적 전세권은 처분의 자유가 확보된다(민법 제306조). 즉, 소유권자의 승낙 없이도 임의로 전세권을 양도하거나 전대가 가능하다.

반면에, 채권적 전세권 및 채권적 임차권은 처분성을 가지나 제3자에 대항력을 갖지 못하므로 사실상 설정자(임대인)의 동의를 요한다.

5) 자본회수 수단

물권적 전세권은 전세권자에 경매청구권(민법 제318조)과 우선변제권(민법 제303조)이 확보된다. 채권적 전세권 및 채권적 임차권은 전세금 자체의 반환을 전제로 하나 실질이 보증금의 성질을 가지는 때에는 그 회수를 위한 경매청구권 · 우선변제권이 부인됨이 원칙이다.

2. 특별법상 임대차

(1) 주택임대차보호법

주택임대차보호법에 대해서는 후술(14절, 4. 주택임대차보호법)

(2) 상가건물임대차보호법

1) 상가건물임대차보호법의 시행

상가건물의 임대차에 있어서 사회적 · 경제적 약자인 임차인들을 보호함으로써 임차인들의 경제생활의 안정을 도모하기 위하여 2001. 12. 29. 법률 제6542호로 제정된 상가건물임대차보호법인 2002. 11. 1.부터 시행되었다.

2) 상가건물임대차의 의의

상가건물의 임대차란 '상가건물'을 사용 · 수익함을 약정하고 임차인이 이에 대하여 차임을 지급할 것을 약정함으로써 성립하는 계약이다. 상가건물임대차는 앞서 설명한 물권적 전세권, 채권적 전세권, 채권적 임차권의 형태로 임대차계약을 유지할 수 있다. 현 실정의 상가건물임대차는 당사자 일방(임대인)이 상대방(임차인)에게 목적물을 사용 · 수익하게 할 것을 약정하고 상대방이 이에 대하여 차임을 지급할 것을 약정함으로써 성립하는 채권적 임차권 유형의 계약이 주를 이룬다고 할 것이다.

3) 상가건물임대차보호법의 목적 및 취지

상가건물임대차보호법 제1조는 상가건물 임대차에 관하여 민법에 대한 특례를 규정함으로써 국민 경제생활의 안정을 보장함을 목적으로 한다고 선언하고 있다. 이는 상대적으로 약한 지위에 놓여있던 임차인을 보호함으로써 임차인들의 경제생활의 안정을 도모한다는 사회 정책적 목적을 달성하기 위한 것이다. 종래 타인의 부동산을 임대하여 영업을 함으로써 생계를 유지하는 대다수의 상가건물 임대차의 경우 주택임대차와는 달리 보호에 미비한 점이 많아 임대차계약에서 약자일수밖에 없는 임차인의 생계기초를 위협하는 경우가 자주 발생하였다. 예컨대 임대료조정, 임대기간, 보증금의 환수문제, 권리금, 월세산정 시 고율의 이자율 적용문제 등 상가건물의 임대차를 둘러싼 건물임대인과 임차인 사이에 갈등은 국민 경제생활의 안정을 해치는 요인으로 작용되어 왔고, 이로써 임대인에 비해 상대적으로 약자인 영세 상인들로서는 각종 형태의 불이익을 감수해야만 하는 처지에 놓여 있었다. 한편, 우리 민법은 전세권이나 임대차에 관하여 그 규정(개인주의적 법률사항을 기초로 하여 당사자 사이의 자유의사에 의한 계약을 중시하고 당사자 사이의 법률관계를 형식적으로 평등하게 규율한다는 것)을 두고 사적 자치의 영역으로 이를 규율하고 있지만, 경제적 강자인 임대인의 자의에 의하여 경제적 약자인 임차인이 부당한 요구를 강제 당하고 피해를 입는 경우가 빈번하게 발생하고 있음이 현실이다. 따라서 민법상의 규정만으로는 이를 해결하기에 너무 미흡하여 상가건물 임대차의 공정한 거래질서를 확립하고 영세 상인들이 안정적으로 생업에 종사할 수 있도록 상가건물 임차인의 경제적 · 사회적 지위를 보호하기 위하여 민법에 대한 특례를 규정하여 상가건물임대차보호법이 제정(2001. 12. 29. 법률 제6542호)되기에 이른 것이다.

4) 상가건물임대차보호법의 법적 성질

① 민법상 임대차의 법적 성질을 가지고 있다

임차인은 임차물을 사용 · 수익하는 권리를 갖는 대신 임료를 지불해야 하는 의무가 부여되며, 임대인은 임차물을 임차인이 사용 · 수익할 수 있도록 제공해야 하는 의무와 임료를 지급받을 권리가 부여되는 쌍무(계약의 각 당사자가 서로 대가적 의미를 가지는 채무를 부담하는 계약) · 유상(계약 당사자가 서로 대가적 의미 있는 재산상의 출연을 하는 계약) · 불요식의 낙성계약(당사자 간의 합의만으로 성립하는 계약)이다.

【 **최근판례** 】 (상가의 범위) 

대판 2011.7.28. 2009다40967은 "상가건물은 임대차보호법의 목적과 같은 법 제2조 제1항 본문, 제3조 제1항에 비추어 보면, 상가건물 임대차보호법이 적용되는 상가건물 임대차는 사업자등록 대상이 되는 건물로서 임대차 목적물인 건물을 영리를 목적으로 하는 영업용으로 사용하는 임대차를 가리킨다. 그리고 상가건물 임대차보호법이 적용되는 상가건물에 해당하는지는 공부상 표시가 아닌 건물의 현황 · 용도 등에 비추어 영업용으로 사용하느냐에 따라 실질적으로 판단하여야 하고, 단순히 상품의 보관 · 제조 · 가공 등 사실행위만이 이루어지는 공장 · 창고 등은 영업용으로 사용하는 경우라고 할 수 없으나 그 곳에서 그러한 사실행위와 더불어 영리를 목적으로 하는 활동이 함께 이루어진다면 상가건물 임대차보호법 적용대상인 상가건물에 해당한다."고 하였다.

【 **최근판례** 】 (법정갱신) 

대판 2010.6.10. 2009다64307은 "구 상가건물 임대차보호법(2009.1.30. 법률 제9361호로 개정되기 전의 것) 제10조 제1항에서 정하는 임차인의 계약갱신 요구권은 임차인이 임대차기간이 만료되기 6개월 전부터 1개월 전까지 사이에 계약의 갱신을 요구하면 그 단서에서 정하는 사유가 없는 한 임대인이 그 갱신을 거절할 수 없는 것을 내용으로 하여서 임차인의 주도로 임대차계약의 갱신을 달성하려는 것이다. 이에 비하여 같은 조 제4항은 임대인이 위와 같은 기간 내에 갱신거절의 통지 또는 조건변경의 통지를 하지 아니하면 임대차기간이 만료된 때에 임대차의 갱신을 의제하는 것으로서, 기간의 만료로 인한 임대차관계의 종료에 임대인의 적극적인 조치를 요구한다. 이와 같이 이들 두 법조항상의 각 임대차갱신제도는 그 취지와 내용을 서로 달리하는 것이므로, 임차인이 갱신 요구권에 관하여 전체 임대차기간을 5년으로 제한하는 같은 조 제2항의 규정은 같은 조 제4항에서 정하는 법정갱신에 대하여는 적용되지 아니한다."고 하였다.

② 민법에 대한 특례를 규정한 법

민법은 제618조 내지 제654조에서 임대차에 관한 규정이 있지만, 이러한 민법의 규정만으로 상가건물임차인에게는 경제생활의 안정을 기할 수 없어 상가건물임대차보호법은 민법에 대한 여러 가지 특례를 규정하고 있는 특별법이다. 상가건물임대차보호법 제1조에서 "상가건물 임대차에 관하여 민법에 대한 특례를 규정…"이라고 명시하고 있다. 따라서 상가건물임대차에 관한 한 상가건물임대차보호법인 민법보다 우선적으로 적용되고, 상가건물임대차보호법에 규정이 없는 사항은 민법이 보충적으로 적용된다. 즉, 상가건물임대차보호법에 없는 비용상환 청구권(민법 제626조), 임차권의 양도 전대의 제한(민법 제629조), 차임지급시기(민법 제633조), 차임연체와 해지에 관한 규정(민법 제640조) 등은 상가건물임차인에게 보충적으로 규정된다.

③ 사회법의 성격

의식주는 인간이 살아가는 데 가장 기초적인 요소이다. 즉, 인간이 인간다운 생활을 영위하기 위하여 필수적으로 요구되는 것이고 이러한 의식주를 해결할 수 있는 것은 경제적인 활동이다. 경제활동의 주체가 계속적으로 재화, 서비스를 생산하거나 제공하는 활동공간으로 건물이 필요하게 되는바, 건물에 대한 수요공급의 불균형, 전세권제도의 이용기피로 인한 보증금반환 문제, 존속기간 불확실, 민법의 임대차규정의 한계 등 여러 문제가 있다. 따라서 임대차 문제를 규율하는 법률은 시민법적 차원이 아니라 사회보장법적 차원에서 해결하여야 한다. 항가건물임대차보호법 제1조에서도 임차인의 "경제생활 안정을 보장함을 그 목적으로 한다."라고 명백히 밝히고 있다.

④ 강행규정

상가건물임대차보호법 제15조는 "이 법의 규정에 위반된 약정으로서 임차인에게 불리한 것은 그 효력이 없다"고 규정함으로써 강행규정임을 명시하고 있다. 강행규정이란 당사자의 의사와 관계없이 강제적으로 그 규정의 적용을 배제할 수 있는 것을 말한다. 다만, 상가건물임대차보호법은 영세상가 임차인을 보호하기 위한 법이므로 당사자 사이의 약정이 상가건물임대차보호법에 위반된다고 하여 그 효력이 부인된 것은 아니고 임차인에게 불리한 경우에만 무효로 된다. 따라서 당사자 사이의 약정이 상가건물임대차보호법에 위반된다 하여도 임차인에게 유리한 경우에는 효력이 인정된다. 이와 같이 상가건물임대차보호법은 편면적 · 강행규정적 성격을 지니고 있다. 한편, 이러한 점은 주거용 건물의 임대차에 관하여 민법에 대한 특례를 규정함으로써 국민의 주거생활의 안정을 보장함을 목적으로 제정된 주택임대차보호법에 있어서도 같다(주택임대차보호법 제10조).

3. 주택임대차보호법과 상가건물임대차보호법의 비교

(1) 연혁

주택임대차보호법은 1981. 3. 5. 법류 제3379호로 공포하여 그동안 10차 개정이 있었고, 상가건물임대차보호법은 2001. 12. 29. 법률 제6542호로 공포하여 2002. 11. 1.부터 시행하여 그동안 5차 개정이 있었다.

(2) 목적

주택임대차보호법은 국민의 주거생활의 안정을 목적으로 하며(주택임대차보호법 제1조), 상가건물임대차보호법은 국민 경제생활의 안정을 목적으로 한다(상가건물임대차보호법 제1조).

(3) 적용대상

주택임대차보호법은 모든 주택임대차에 적용되며, 상가건물임대차보호법은 모든 상가건물이 적용되는 것은 아니고 시행령에서 정하는 일정 보증금 이하인 경우에만 적용된다.

(4) 대항력, 우선변제권, 최우선변제권

1) 대항력

주택임대차보호법의 대항력으로서 주택의 인도와 주민등록요건을, 상가건물임대차보호법은 상가건물의 인도와 사업자등록을 요건으로 한다.

2) 우선변제권

주택임대차보호법이나 상가건물임대차보호법은 확정일자를 받아야 민사집행법에 의한 경매 또는 국세징수법에 의한 공매 시 임차건물(임대인소유의 대지를 포함한다)의 환가대금에서 후순위권리자 기타 채권자보다 우선하여 보증금을 변제 받을 수 있다.

3) 최우선변제권

① 주택임대차보호법의 경우 : 주택가액의 1/2 범위 내 보증금중 일정액

i) 수도권정비계획법에 따른 수도권 중 과밀억제권역(584면 참조) : 보증금이 6,000만 원 이하인 임차인 2,000만원

ii) 광역시(군, 인천 제외) : 보증금이 5,000만 원 이하인 임차인 1,700만원

iii) 그 밖의 지역 : 보증금이 4,000만 원 이하인 임차인 1,400만원

② 상가건물임대차보호법의 경우 : 임대건물가액의 1/3범위 내 보증금 중 일정액

i) 서울특별시 : 4,500만 원 이하인 임차인 1,350만원

ii) 수도권정비계획법에 의한 수도권 중 과밀억제권역 : 3,900만 원 이하인 임차인 1,170만원

iii) 광역시(군지역과 인천광역시지역을 제외한다) : 3,000만 원 이하인 임차인 900만원

iv) 그 밖의 지역 : 2,500만 원 이하인 임차인 750만원

(5) 임대차기간(최단)

주택임대차보호법의 임대차 최단기간은 2년이고 임차인 요구 시 2년 미만 계약가능하다. 상가건물임대차보호법의 경우 임대차 최단기간은 1년이고 임차인 요구 시 1년 미만 계약이 가능하다. 그리고 최장기간은 민법 제651조 의 적용을 받는다.

(6) 임차인의 계약갱신 요구권

주택임대차보호법의 경우 계약갱신요구권이 없다. 그러나 상가건물임대차보호법은 법정사유가 없으면 총 5년간 임대인은 임차인의 계약갱신요구를 거절할 수 없다.

(7) 임대료 인상제한

주택임대차보호법의 경우 차임 또는 보증금(이하 '차임 등'이라 한다)의 증액청구는 약정한 차임 등의 20분의 1의 금액을 초과하지 못하고, 최근 증액 후 1년 내에는 증액하지 못한다. 상가건물임대차보호법은 동법시행령(제4조)에서 정하는 비율 즉 보증금의 증액청구는 청구당시의 차임 또는 보증금의 100분의 9의 금액을 초과하지 못하고, 증액 후 1년 내에는 증액하지 못한다.

(8) 월세전환 이율 제한

주택임대차보호법은 시행령에서 정하는 비율은 연1할 4푼(14%, 2002. 6. 30.부터 시행)이며, 상가건물임대차보호법은 동법시행령(제5조)에서 정하는 비율이 연1할 5푼(15%)이다.

(9) 이해관계자의 권익보호

임차인 권리강화에 대응하여 이해관계자의 권익을 보호하기 위하여 상가건물임대차보호법은 사업자등록사항 등을 열람할 권리를 부여 해 주고 있는 반면에 주택임대차보호법에는 이러한 권리가 없다.

4. 주택임대차보호법

(1) 주택임대차보호법상 임대차의 의의

주택임대차란 일반 임대차와 달리 임대인이 특히 '주거용 건물'을 사용 · 수익함을 약정하고 임차인이 이에 대하여 여러 형태의 채권적 임차권을 약정함으로써 성립하는 계약(주택임대차보호법 제1조)이다. 즉, 주택임대차의 목적물은 주거용 건물이며, 임차인이 주거용 건물을 사용 · 수익하는 채권계약이다. 주택임대차보호법은 주거용건물의 임대차에 관하여 민법에 대한 특례를 규정함으로써 무주택 국민의 주거생활의 안정을 보장함을 목적으로 한다(주택임대차보호법 제1조).

(2) 주택임대차보호법의 특성

1) 민법에 대한 특례를 규정한 법

민법은 제618조 내지 제654조에서 임대차에 관한 규정이 있지만 이러한 민법의 규정만으로 주택임차인에게는 주거생활의 안정을 기할 수 없어 주택임대차보호법은 '민법'에 대한 여러 가지 특례를 규정하고 있는 특별법이다.

2) 사회법의 성격

주택문제를 규율하는 법률은 시민법적 차원이 아니라 사회보장법적 차원에서 임차인의 "주거생활 안정을 보장함을 그 목적으로 한다."

3) 강행규정

주택임대차보호법 제10조는 "이 법의 규정에 위반된 약정으로서 임차인에게 불리한 것은 그 효력이 없다."고 규정함으로써 강행규정임을 명시하고 있다. 다만, 주택임대차보호법은 주택임차인을 보호하기 위한 법이므로 당사자 사이의 약정이 주택임대차보호법에 위반된다고 하여 그 효력이 부인된 것은 아니고 임차인에게 불리한 경우에만 무효로 된다.

(3) 주택임대차보호법과 상가건물임대차보호법의 비교

주택임대차보호법은 '국민 주거생활 안정'을 목적으로 하며, 상가건물임대차보호법은 '국민 경제생활 안정'을 목적으로 한다. 따라서 두 특별법은 적용대상, 계약갱신요구권, 대항요건, 임대차기간, 최우선변제권의 일정액 등의 차이가 있지만 거의 대동소이하다. 두 특별법의 특징을 구체적으로 살펴보면,

	주택임대차보호법	상가건물임대차보호법
연혁	1981년 제정	2001년 제정
목적	국민의 주거생활 안정	국민의 경제생활 안정
적용대상	모든 주택임대차	일정보증금 이하의 상가건물만 (상가건물임대차보호법시행령 제2조 제1항)
대항력	주택의 인도/주민등록	상가건물의 인도/사업자등록
우선변제권	확정일자/주택가액 $1/2$범위내	확정일자/건물가액 $1/3$범위내
최우선변제권	일정금액보장(동법시행령 3조)	일정금액보장(동법시행령 제7조)
임대차기간(최단)	2년 보장	1년 보장

임차인의 계약갱신 요구권	법제 6조규정	법제 10조규정
임대료인상제한	약정보증금의 1/20	청구당시 보증금 또는 차임의 12/100
월세이율제한	연 1할 4푼	연 1할 5푼
이해관계자의 권익보호	상속인 외에 승계권 인증 있음	없음

1) 예상되는 임대차의 유형

임대차 계약의 형태가 전세에서 월세로, 월세에서 미국식 월세로 옮겨 갈 것이라고 내다보는 이도 있다. 즉, 보증금 크기는 점차 줄어들고 소정의 하자보증금을 걸고 다달이 차임을 내는 방향으로 나아가리라는 분석이다.

2) 주택임대차보호법상의 대항력

① 대항력의 의의

ⅰ. 의의

임대차는 그 등기가 없는 경우에도 임차인이 주택의 인도와 주민등록을 마친 때에는 그 다음날부터 제3자에 대하여 효력이 생긴다(주택임대차보호법 제3조 제1항). 여기서 제3자에게 효력이 생긴다는 의미는 "제3자에 대하여 대항력이 있다"라는 의미이다. 따라서 주택임대차에 있어서 대항력이 있다는 것은 임차주택의 양수인, 임대할 권리를 승계한 자, 기타 임차주택에 관하여 이해관계를 가진 자에 대하여 임대차의 내용을 주장할 수 있는 법률상의 권능을 가지고 있다는 의미이다.

ⅱ. 구별개념

㉠ 우선변제권

임차인이 임차주택의 양수인 등 제3자에 대하여 임대차의 존속을 주장하여 이를 계속

사용할 수 있는 권리가 아니라 단지 임차주택 및 그 대지에 관한 경매절차 등에서 후순위 권리자에 앞서 임대차보증금을 반환받을 수 있는 권리를 말한다. 따라서 우선변제권은 앞서 설명한 대항력보다 더 약한 권리라고 할 수 있다(서울고등법원 1997. 4. 16. 선고96나50392판결).

㉡ 최우선변제권

선순위권리자보다 우선하여 소액보증금을 변제받을 수 있는 권리를 말한다.

㉢ 대항력, 우선변제권, 최우선변제권의 이동

	의 의	요 건	효 과	근거규정
대항력	임대인이 변경되어도 임대차기간 및 보증금 반환을 받을 까지 계속 거주할 권리	주택의 인도, 주민등록 전입신고	보증금 전액에 대하여 소유자, 양수인, 경락인에게 대항	주택임대차 보호법 제3조 제1항
우선 변제권	후순위권리자보다 우선하여 보증금을 변제받을 수 있는 권리	주택의 인도, 주민등록전입신고, 계약서에 확정일자 날인	보증금 전액을 순위에 따라 우선 변제	주택임대차 보호법 제3조의 2
최우선 변제권	선순위권리자보다 우선하여 소액보증금을 변제받을 수 있는 권리	경매개시기입등기나 체납처분에 의한 압류등기 전에 주택의 인도, 주민등록 전입신고	보증금 중 일정액을 최우선 변제	주택임대차 보호법 제8조

② 대항력의 존속요건

ⅰ. 의의

주택임대차보호법인 제3조 제1항에서 주택임차인에게 주택의 인도와 주민등록을 요건으로 명시하여 등기된 물권에 버금가는 강력한 대항력을 부여하고 있는 취지에 비추어 볼 때 달리 공시방법이 없는 주택임대차에 있어서 주택의 인도 및 주민등록이라는 대항요건은 그 대항력 취득 시에만 구비하면 족한 것이 아니고 그 대항력을 유지하기 위하여서도 계속 존속하고 있어야 한다(대법원 1998. 1. 23. 선고 97다43468판결). 이처럼 주택의 인도와 주민등록은 임차권의 대항력의 취득요건 뿐만 아니라 대항력의 존속요건이기도 하다. 따라서 임차인은 임대인에게 주택을 인도 받아 주택의 점유를 계속하여야 하고, 다른 곳으로 주민등록의 이전 즉 전출을 하지 않아야 한다.

ⅱ. 임차인만 일시적으로 주민등록을 이전한 경우

임차인이 그 가족과 함께 그 주택에 대한 점유를 계속하고 있으면서 그 가족의 주민등록은 그대로 둔 채 임차인만 주민등록을 일시 다른 곳으로 옮긴 경우라면 전체적으로나 종국적으로 주민등록의 이탈이라고 볼 수 없는 만큼 임대차의 제3자에 대한 대항력을 상실하지 않는다.

| 제4장 |

새로운 형태의 계약 (비전형계약)

제4장

새로운 형태의 계약(비전형계약)

제1절 **여행계약**

1. 의의

여행계약은 당사자 일방이 운송과 숙박 · 관광을 제공하고 상대방이 그 대금을 지급함을 약정하는 계약이다. 유상 · 낙성계약이다.

2. 이행계약의 효력과 종료

(1) 여행주최자는 담보책임이 있다. 그 내용은 대금의 감액과 추완 그리고 손해배상이다. 이는 임의규정이다. 담보책임은 여행종료부터 3개월 내에 행사해야 한다.

(2) 여행개시 되기 전에 사전계약의 해제로 종료될 수 있고, 부득이한 사유로 종료될 수도 있다.

제2절 중개계약

1. 의의

당사자 일방이 상대에 대해 계약체결의 소개 또는 주선을 의뢰하고 상대방이 이를 승낙함으로 성립한다. 중개계약은 상법 제93조 이하, 공법상의 부동산중개업법 등이 있다. 이는 유상 또는 무상으로 성립할 수 있다.

2. 중개계약의 효력

중개인은 보수청구권이 잇고, 중개로 성립한 때에만 청구할 수 있다. 중개인은 상대방을 위해 신의에 따라 성실하게 중개에 임할 의무가 있다. 비용은 중개인과 의뢰인이 약정한 경우에만 청구권이 있다. 이때는 중개가 성사되지 않아도 청구권이 있다. 중개는 위임에 관한 규정이 준용 된다(민법 제681, 683, 689 내지 692조).

제3절 **리스계약(시설대여)**

1. 의의

외구에서 제조한 시설 등을 이용자로부터 신청을 받아서 공급자로부터 매수하여 이용자에게 이도 하고 사용케 한다. 그 대가로 이용료를 받게 된다. 이는 시설이 고가이고, 물건의 구입이 쉽지 않아서 거래의 활용이 빈번하다.

2. 현행법의 규제와 성질

민법은 규정이 없다 그래서 상법이 적용되고, 약관규제에 관한 법률 그리고 시설대여업 등이 적용된다. 이는 물적 금융으로서의 성질과 임대차로서의 성질을 가지고 있다.

제4절 신용카드계약

1. 의의

신용카드업자가 신용카드회원 그리고 가맹점 등의 삼자가 관여하여 독립된 계약관계가 성립되는 특색이 있다.

2. 입법의 규제와 법률관계

약관규제에 관한 법률과 여신전문금융업법 그리고 할부거래에 관한 법률 등의 적용을 받는다. 이는 삼자관계의 법률관계가 무엇인지가 문제이다. 즉 A가 B로부터 구입하고, 그 대금을 C에게 결제하면 C는 B에게 지급하는 것이 어떠한 법률관계이냐의 문제다. 이에는 채권양도설과 채무인수설의 견해로 대립된다. 전자가 타당하다. 왜냐하면 B는 C에게만 매출의 전표를 양도할 수 있기 때문이다.

제5절 **의료계약**

1. 의의

의사가 진단과 치료라는 급부를 제공하고 이에 환자가 보수를 지급할 것을 약정하는 계약이다. 이는 위임과 유사하기는 하나 전면적으로 준용할 수는 없는 정도다.

2. 의료계약의 효력

의료인은 진료 등을 거부할 수 없고, 비밀을 유지할 의무가 있고, 진료기록부를 작성해서 보존할 의무가 있다. 이를 제3자에게 열람시켜서도 안 된다. 의료계약은 환자의 생명과 직결되는 생활필수의 계약이고, 민법상의 전형계약과는 적절하게 규율될 수 없는 점이다. 그래서 독립된 계약으로 입법되어야 하는 분야이기도 하다. 이와 관련된 최근의 판례는 주목을 받고 있다. 즉 환자가 인간의 존엄과 가치 및 행복추구권에 기초하여 자기 결정권을 행사하는 것으로 인정되는 경우에는 특별한 사정이 없는 한 연명치료의 중단이 허용될 수 있다고 했다. 그리고 의사가 없는 상태에서 사망의 단계에 진입한 경우에는 환자의 평소 가치관이나 신념 등에 비추어 환자에게 자기결정권을 행사할 수 있는 기회가 주어지더라도 연명치료의 중단을 선택하였을 것이라고 볼 수 있는 경우에는 그 연명치료 중단에 관한 환자의 의사를 추정할 수 있다고 했다[대판(전원합의체) 2009. 5. 21, 2009다17417].

| 저자 경력 |

- 농고를 나와 독학으로 법원서기보에 합격
  법원공무원 교육원에서 최우수상을 받았다.
- 경북대학교에서 법학석사를 받고,
  영남대학교에서 법학박사학위를 받았다.
- 대구지방법원 민사조정위원, 대구지방검찰청 형사조정위원 역임했고,
  영남대, 동국대, 대구대에서 민사법을 강의,
- 현재는 국제인권옹호 한국연맹 경산 · 청도 지부장 및
  법무부의 Educator 및 계명대에서 민법을 강의 하고 있다.

| 저서와 논문 |

- 채권양도와 공시에 관한 실무편람(법률정보센터, 대법원 재판자료 선정 도서)
- 사회계약과 질서(도서출판 성일)
- 채권양도와 공시에 관한 연구–장래채권양도를 중심으로–(박사논문)
  (장래채권양도공시에 대한 국내최초논문)
- 점유자의 과실취득의 범위와 수익자의 반환범위(유럽헌법 연구, 2010. 12)
- 미성년자의 불법행위에 대한 감독자의 책임(재산법 연구, 2011. 2)
- 유동집합동산양도담보의 문제점과 등기제도의 개선방안(인권과 정의, 2011. 4)
- 장래채권 등에 대한 전부명령의 허부와 효력에 관한 판례의 경향(재산법 연구, 2012. 2)
- 학교폭력의 감독자의 책임과 교권의 확립(법률신문 연구논단, 2012. 3. 5)
- 채권의 양도와 담보의 공시문제(인권과 정의, 2013. 5)
- 장래채권양도담보의 공시적 효력문제와 개선방안 등 다수의 논문이 있다.

채권각론 | 이론 · 판례 |

초판 1쇄 인쇄 2013년 8월 27일
초판 1쇄 발행 2013년 8월 30일

지은이 김 대 현
펴낸이 신 일 희
펴낸곳 계명대학교 출판부
(704-701) 대구광역시 달서구 달구벌대로 1095
TEL: (053)580-6233
FAX: (053)580-6235
홈페이지: www.kmupress.com
출판등록: 1970. 9. 1.(신고번호 제347-1998-1호)

ISBN 978-89-7585-643-3 93360 정가 17,000원
*잘못된 책은 교환하여 드립니다.